賢く「言い返す」技術

精神科医
片田珠美
Tamami Katada

三笠書房

はじめに

「人との関係」は必ず変えることができる

〝言葉の暴力〟は、あまりにも社会にはびこっている。

同僚や友人に投げかけられた、心ないきつい一言が、いつまでも頭を離れない。

理不尽な叱責で追い詰めてくる上司がいて、職場の空気が重たい。

家族やパートナーの、無神経な言葉の数々にずっと傷ついているのに、相手はそのことに気づきもしない。

それでも多くの人は、ただ黙って耐えるか、苦笑いをしてごまかすかして、なす術《すべ》なく〝されるがまま〟でいる。

このように何もせず我慢している限り、相手はますます増長し、言動をエスカレートさせていく。**世の中には「性善説」には当てはまらない、攻撃的で、他者の痛みを想像できない人物が確かに存在する。**

そういう人に遭遇し、ひとたびターゲットにされてしまうと、いつまでも都合のよい〝サンドバッグ〟にされかねない。

その結果、フラストレーションをため込み、心身の不調を訴えるようになった方に、私は精神科医として日々接しているのである。


「攻撃に対して、無抵抗でいてはいけない」


これは私が精神科医として、声を大にして訴えたいことだ。

相手に土足で心に踏み込まれたのに、何も抵抗せずにいることは、あなた自身の心を大事にしないのと同じことである。いざというときは、どうか迷わず〝自分の心を守る〟ほうの道を選んでほしい。


本当は言い返したいのに、言葉がとっさに出てこなかった。

「何くそ」と思っても、ただ黙っているしかなかった。

本書は、そんな忸怩《じくじ》たる思いを経験されたことがあるすべての方に、**「言われっぱなし」で終わらせず、賢く言い返して、そういう人間関係を繰り返さないための〝言**

い返す技術〟を伝授するものである。

まず、そうした相手の心理を丸裸にする。そのうえで、私たちの日常生活において想定しうるさまざまな〝攻撃〟と、それに対する効果的な対策を紹介していこう。

〝言い返す技術〟――これは、あなたが快適な人間関係を築いていくうえで、有用な武器になるはずだ。ときには、盾にもなるだろう。

「こんなときは、こう言い返す手があるんだ」

と知っているだけでも、もっと心の余裕を持って人と接することができるのだ。

「武器を持てども使わない」、それは、武器を持たずに無防備でいることよりも、はるかに心強くいられる状態なのだから。

片田　珠美

◎もくじ

1章 〝言葉の暴力〟も、〝見えない圧力〟も止められる

――「彼ら」はなぜ、攻撃せずにはいられないのか

2章

たったひとつで〝立場〟は逆転する！

――どうすれば、相手の出方は変わるか

3章

どんな相手も怖くなくなる「7つの武器」

——この〝切り返し〟をされたらかなわない

4章

職場で

この一言で、「気持ち」も「仕事の進み」もスッキリ！

5章 友人・グループづきあいで 〝やっかいなあの人〟を、巧みに遠ざける法

6章

家族・パートナーへ

〝近くて遠い相手〟と、もっとわかりあうために

7章 もう「あんな人」に絶対左右されない
――「強い自分」をつくるために大切なこと

編集協力◎袖中陽一
本文イラスト◎飛田冬子

どんな関係にも“対処法”がある!

1章

〝言葉の暴力〟も、〝見えない圧力〟も止められる

――「彼ら」はなぜ、攻撃せずにはいられないのか

まず、「攻撃する人ほど弱い人間」であると知る

どのような環境にもいる攻撃的な人、暴言を吐かずにはいられない人……。

そういう人たちの攻撃に直面すると、まるでとんでもない〝モンスター〟に遭遇したかのように感じられてしまうものである。

「なぜ、私があんなことを言われなければならないのか？」

「こんな仕打ちを受けるなんて、信じられない、わけがわからない」

そんなショックで心をかき乱され、あるいは呆然となっているうちに、結果的に手も足も出せずに撤退、引き下がるということになる。

しかし、攻撃的な彼ら彼女らの心理を分析してみると、その正体はもちろんモンスターではない。

あなたと同じ人間、それどころか、**攻撃を受けている側よりも、ずっと弱い面を持った人たち**なのである。

そう、攻撃する人ほど、恐れ、不安を抱いており、弱い面がある。だからこそ攻撃せずにはいられない――これは必ず知っておいていただきたいことだ。

そんな彼らの心理を知っていれば、対抗策はいくらでもある。たとえば、恐れずに「言い返す」ことも可能だ。

戦いの基本、それはまず相手の心理を知ることにある。

その相手は、どのタイプか

職場においても友人関係においても、攻撃的な人はたくさんいるが、彼らはいったいどのようにして牙《きば》をむいてくるのか。それぞれ顔形は違えど、多くの例をその心理面から見れば、いくつかのパターンがあることがわかる。

つまり、そんな「攻撃してくる人々」は、大きく8つのタイプに分けられるのだ。

私たちのまわりにいるさまざまなイヤな人、耐えがたい人——こう言われて今、あなたの頭に浮かんだ〝あの人〟も、次の8つのうちのどれかに該当するはずだ。もちろんケースによっては、複数のタイプの心理を同時に抱いていることもあるだろう。

それぞれのタイプの〝攻撃の特徴〟を簡単にまとめると、次の通りである。

1「王様」タイプ

周囲の人間に対して、命令するような高圧的な口調で話す。「自分はお前たちとは違うんだぞ」と言わんばかりの態度で威張り散らし、自分に従わせようとする。

2「裸の王様」タイプ

自分自身についての話ばかりする。過去に自分が成し遂げたこと、評価されたことの自慢話を延々とする。少しでも相手と違う意見をこちらが口にすると、過剰に反応し、批判してくる。

3「羨望《せんぼう》」タイプ

グサッと胸に刺さるような鋭いいやみ、批判を言う。あるいは、無視したりわざと冷たく接したりと、積極的ではないが、じわじわとダメージを与えるような攻撃をしてくる。友人・同僚など「対等」と思われている関係に多い。

4「お子ちゃま」タイプ

思い通りにならないことがあると、子どものように怒ったり、すねたり、文句を言ったりする。「言うことを聞かないお前が悪い」とばかりに悪者扱いしてくる。こちらが相手の要求や希望を呑むまで納得しない。

5「悲劇のヒロイン」タイプ

グチやネガティブなことばかり言い、〝不幸な私〟をアピールする。それに対してアドバイスをしても、聞く耳を持たない。ちょっとしたことにも過剰反応し、被害者ぶる。相手を疲れさせていることに気づかない。

6「置き換え」タイプ

他人のごく小さな失敗、とるに足らないレベルのミスに、過剰なほど怒る。怒りの沸点《ふってん》が異常に低く、普通の感覚では「なぜそんなことでここまで怒るのか」というほどである。それでもこちらを〝悪者〟にして責め立ててくる。

7「トラウマ」タイプ

こちらにまったく非がないことや、覚えのないことに対して怒ってくる。理不尽で、何の脈絡もない攻撃をしてくる。なぜそのように怒ったり、冷たい態度をとったり、つらく当たったりするのか理解できないことが多い。

8「サディスト」タイプ

ひたすら暴力的な言動をとる。相手が「傷ついている」という反応を見せるまで、攻撃の手をゆるめない。場合によっては手をあげたり、物に当たったりすることもある。

次ページから、これら8つのタイプの〝隠された心理〟を具体的に明らかにしていこう。

その〝攻撃の裏に隠された心理〟がわかると、悩み、問題から抜け出す解決策がおのずと見えてくるはずだ。

TYPE 1

「支配したい、思い通りにさせたい」

……「王様」タイプ

まるで王様のように高圧的な態度をとり、「他人を支配したい、何でも自分の思い通りにしたい」という振る舞いをするのが、このタイプだ。

この「王様」タイプの攻撃者は、たとえば職場の上司に多く見られる。

部下を自分の思い通りに支配しようとする上司は、どのような職場にも一人はいるものだろう。

彼らは過剰なほど〝上から目線〟で物を言い、部下の小さなミスを必要以上に叱りとばす。

実はそういう上司ほど、自分の仕事能力やポジションに、自信がないのである。

すでに誰の目にも明らかな実績を上げており、そのポジションに長くあって、部下から信頼されている人は、そんなことはしない。

新任の上司との関係で悩んでいる、三十代男性のCさん。

彼の以前の上司は、細かいことはあまり言わず、仕事を任せてくれたのだが、新しい上司は、細かいことにまでいちいち口を出してくるのだそうだ。

「これをやったのか、あれをやったのか」とことあるごとに尋ね、ちょっとでもやっていないことがあると激昂《げっこう》するという。

この上司はCさんと二、三歳しか歳も違わないうえ、その役職についてまだ数カ月。

そんな言動をするのは、はっきり言えば上司自身に自信がないからだろう。

私はある大きな企業の診察室に勤めていたことがあるが、部長になりたて、役員になりたての人ほど、肩をいからせて社内を歩いているなあ、という印象があった。

長くその地位にある人は、そんな振る舞いはしない。自信もあるし、つまらないことで威張り散らしていたら、それこそ足元をすくわれたり、組織がギクシャクしたりすることがわかっているのだ。

高圧的に振る舞い、他人を支配したがる人の弱さ——それは、自分が支配できなかったら、**「自分が見くびられてしまうのではないか」「自分の優位性を保てなくなるのではないか」といった思いを抱いている**ことだ。

自信がなく、敬われていないのではないかという不安、いつか自分のポジションが脅かされるのではないかという恐怖を抱いているからこそ、部下に強くあたり、命令し、**支配することで心の平安を得ようとしている**のである。

恐怖心ゆえに、攻撃する……これは仕事に限らず、どのような関係でも起こりうることだ。

『君主論』で有名なイタリア・ルネサンス期の政治思想家マキアヴェッリも、こう言っている。

「人間は恐怖心からも、憎悪の心からも過激になりうるものである」

怖いから暴言を吐く。不安だから威張り散らす。

自信がないから、高圧的な態度をとって虚勢を張る。

自分のほうが上であると誇示したいから、必要以上にしつこく責め立てる。

このように、他人を支配したいという思いの根底には、自信のなさや、自分の優位性が脅《おびや》かされるのではないかという恐怖が隠されているのだ。

TYPE 2

「自分を認めさせたい」

……「裸の王様」タイプ

自慢話を延々としたり、自己中心的な言動をとったりする「裸の王様」タイプ。

このタイプの特徴として挙げられるのは、**自己愛や承認欲求が非常に強い**こと。自分が大好きで、他人から認められたいという欲求がすごく強い。

だからこそ、自分の能力を他人に認めさせようとするし、何が何でも自分の優位性を誇示しようとする。

ある支店に新しく来た管理職は、それまでのやり方を踏襲せず、自分が考えた方法を下に押しつけようとした。

しかし、部下からは「せっかく前のやり方に慣れたところだったのに」との声があがった。それでも、前任者より自分のほうが優れていると誇示するために、その管理職は自分のやり方を押し通し成果を上げさせることで、上からの賞賛を得ようとしたが、まわりの意見を聞かず強引なやり方をしたために、結局失敗してしまった。

なぜそんなに自分を認めてほしいと思うのか。それは、裏を返せば、自分が認められていないと感じているということである。

それが言動に表われている人は、他人から見れば「裸の王様」なのである。

しっかり実績を上げており、自分が認められていると安心できている人や自信のある人は、それを誇示するようなことはしない。

たとえば、オリンピックで金メダルを取った人は、「俺、金メダル取ったんだぞ」といちいち自慢なんかしないものだ。なぜ自慢しないかといえば、他人がそのことを認めていて、金メダルを取った人の価値も認めているから、自慢する必要がない。

ある意味、中途半端な人ほど、自分を認めさせたいという欲求を丸出しにするものだ。

前項の「王様」タイプと、この「裸の王様」タイプは名前が似ているが、別物と考えたほうがいい。

ふたつのタイプを比べると、「王様」タイプのほうが、より危険だ。なぜなら、他人を支配しようとするからである。

その点、「裸の王様」タイプは、害がない。このタイプの人は、自己愛の強さゆえに**「自分を認めて、認めて。自分はこんなにすごいんだよ」と言っているだけ。**

周囲に認められたい、評価されたい、ほめられたいという思いを常に抱いている。

つまりは単に、自分をアピールしたいだけだ。

「裸の王様」タイプの人は、たとえるならばクジャクに似ている。クジャクが羽を広げて、「見て、見て」と言っているような、そんな印象である。アピールがうるさいので、その点がうっとうしい。

このタイプの人がわかっていないのは、自分が見透かされているということ。まわりの人は、「あの人、またあんなことを言っている」と、イヤになっているのに、それに気づかず、自慢を続ける。

本人が内に抱える自信のなさにも、周囲の人は気づいている。そして、「あの人、ある意味、かわいそうね」と思っているかもしれない。
それにすら気づかないのだから、まさに「裸の王様」そのものだ。

TYPE 3

「負けたくない」「うらやましい」

……「羨望」タイプ

陰湿な嫉妬心を隠して、じわじわと攻撃してくるのがこの「羨望」タイプだ。

「マウンティング女子」という言葉を、お聞きになったことがあるだろうか？

これは、いつもまわりの人と自分を比べて、自分のほうが上だ、とアピールする女性のこと。

「私は背が高いから、あの女より洋服が似合う」

「私の彼は、あの女の彼氏より年収が高い」

そんなふうに女性同士で〝格付け〟を争うのだという。

女性に限らず、他人と比べることで、自分の立ち位置を確認しようとする人は多い。

ある企業で新入社員の面接を担当している方から、こんな話を聞いたことがある。

「就活生たちが何人か集まると、即座に〝序列争い〟が始まります。彼ら彼女らは自分自身で序列をつけないと、それぞれみんな落ち着かないようなのです。

グループ面接で、五、六人でフリートークをさせると、みんな〝一番札〟を取りたくて、一気に攻めてきます。

そこですぐ息切れする学生とか、最初から六番目に落とされて最後までそこから上がれず、不満たらたらで帰る学生とか、四十分間ぐらいの規定時間の内実はまさに〝序列つけバトル〟なのです。

けれど、序列で一番を取った学生を採用すればいいかというと、そうでもないので、結局、このフリートークの面接試験は翌年からやめることにしました」

こんなふうに、何人かが集まると、自分が序列のどのあたりにいるかを確認せずにはいられない。そこで「少なくとも自分はあの人よりは上」と思うことができれば、安心するわけである。

序列をつけないと落ち着かない。そして、自分より上に位置する人をうらやむ――

そこが、人の世の怖さだと思う。

「羨望というのは、他人の幸福が我慢できない怒りだ」

こんなことを、十七世紀のフランスの名門貴族、ラ・ロシュフコーは言っている。

ある女優さんが、娘の幼稚園の入園式に、百万円以上もするブランド物のスーツを着て行ったら、ほかのお母さんたちが「空気を読んでほしかった」と陰口を叩いたという。これこそまさに、序列で下に置かれたと感じた者が抱く「羨望」である。

興味深いことに、「マウンティング女子」という言葉に見られるように、他人と比較することでしか自己確認できないという傾向は、女性のほうが強いようだ。

専業主婦同士だと、

「あそこの旦那さん、今度、部長になられたみたい」

「子どもさんは、あの高校に入ったらしいわ」

「年収一千万超えてるって」

といった具合だろう。

夫の出世や年収、子どもの学校によって他人に認められようとすることが多いせいいかもしれない。

男性の場合は、会社での出世や給与で、わりとはっきりと序列が決まる。それに対して、女性は自分のことだけでなく、夫の社会的地位や、子どもの学校などにも序列が影響されるのでやっかいだ。

「マウンティング女子」というような言葉が生まれる背景には、やはり日本社会特有の人間関係が潜んでいるのである。

TYPE 4

「何でも思い通りにならないとイヤ」

……「お子ちゃま」タイプ

わがままで、自分の要求が「受け入れられて当然」という幼児的な万能感を持っているのが、この「お子ちゃま」タイプだ。

小さな子どもは、自分の要求は何でも受け入れられるものだと思っている。子どもならそれで通る。しかし、大人になってもそれではあきれられるだけだ。

こういう人は、自分の要求が通らなかったり、思い通りにならないことがあったりすると、他人を攻撃するという手段に訴える。

その攻撃は、子どもが「おもちゃ買って」と、手足をバタバタさせて、だだをこねたりするのと同じ部類のものだ。

「自分は特別扱いをしてもらって当たり前」

「自分の要求は無条件に受け入れてもらって当然」

こんなふうに思っているのだから。

こういうタイプに限って、たとえばレストランに行けば、一番いい席に案内してもらって当然と思い込んでいるし、ホテルに行けば、たいした金額を払うわけでもないのに自分だけはいい部屋に通せ、という要求をする。

あるいは、職場で自分の仕事にダメ出しをされると、途端にムッとむくれてやる気をなくしたり、反抗的な態度をとったりする。

プライドが高すぎるために、周囲からの注意や助言を受け入れられないのだ。それがまっとうな指摘であっても、「あいつが悪いんだ」「自分は何も悪くない」と考え、攻撃に出てくる。

自己愛も特権意識も非常に強いのだ。

このタイプの人がこういう振る舞いをするのは、育つ過程で、両親や周囲の人に常に受け入れられ何でも許されるという経験を積んできたためだ。だから、地道な努力が苦手だし、挫折にも弱い。

特に母親がすごく甘くて、言うことは何でも聞いてもらってきたから、社会に出ても周囲の人は自分の言うことを何でも聞いてくれるものだし、聞くべきだという感覚になっている。


私の経験では、このタイプは大病院の御曹司《おんぞうし》なんかに結構多い。

病院を継いで院長になるには、医師免許が必要だ。だから、病院を経営している親は、あらゆる手を尽くして子どもを医学部に行かせようとする。しかし、優秀でないと入学も卒業も難しい。

そのため、何浪もして留年もしてやっとのことで医師免許を取ったものの、一般の病院では使いものにならずに、親の病院に将来の院長候補としてやってくる。

そういう人に限って、新入りにもかかわらず外来の診療に遅刻したりするから、困ったものだ。

ところが、そうしてまわりにいくら迷惑をかけても、本人は「自分はこれで普通だ」という感覚なのである。たとえば、好きなサッカーの試合があるからと外来を平気で休んでしまう。

　昔に比べると経営が大変になったとはいえ、高齢化社会で病院はまだまだ安泰だから、こういう「お子ちゃま」タイプでも生き残っていけるのかもしれない。

TYPE 5

「私はかわいそうな人なの」

……「悲劇のヒロイン」タイプ

不思議なことに、世の中には〝弱い者〟〝被害者〟になりたがる人がいる。そのような**「か弱い存在」として周囲に庇護《ひご》されながら、イヤな相手は攻撃したい**という心理が見え見えなのがこのタイプで、特に女性に多い。

もっと言えば、「悲劇のヒロイン」になりたい人なのかもしれない。

たとえば、部長職のある男性にこんな話を聞いたことがある。

彼の部下に、二十代の一般職の女性がいて、その女性は勤務時間中に携帯電話をたびたびいじったり、お手洗いなのか何なのか、あまりにも頻繁に離席したりと、どうも上の空になっているように見える。書類でも、初歩的なケアレスミスが多い。

そこで彼は、その女性部下を自席に呼んで、「仕事への姿勢を考えてみてはどうか」と注意した。すると彼女は、「私は、私なりにがんばっているのですが……」と言うなり、その場ではらはらと涙を流し始めたという。

予想外の反応に、彼は何も言えなくなった。それでも彼女は、肩をふるわせ泣き続ける。まわりにいた他の社員たちは、よほどきつく叱責したのだろうという非難めいたまなざしで、遠巻きにこちらをうかがっている。

やがて、女性管理職の一人が見かねた様子で、「どうしたんですか」と声をかけてきたとたん、件《くだん》の女性部下は、わっと声をあげて、さらに激しく泣きじゃくったのだという。

彼女の頭の中では、「私は被害者、部長は攻撃者、女性管理職は助けてくれる庇護《ひご》者」という構図ができあがっていたのだろう。

それ以来、男性が仕事の指示でちょっと声をかけようとしただけでも、びくっとしておびえた反応をするので、過剰に気を使うことになってしまったそうだ。

後で、彼女が以前所属していた部署の管理職にこの話をすると、

「またやったんですか、彼女。前々からそうなんですよ。何かちょっと注意しただけ

で、すぐ泣くんです。まるでこっちがいじめているみたいに。それで、誰も彼女に何も言えなくなる。確信犯かもしれませんね。面倒を見切れなくなると、他の部署に回すようにしているそうですよ」

と言われたという。

このように、「悲劇のヒロイン」タイプは、周囲からのちょっとした発言に大げさに反応し、「私は攻撃された。ひどいことをされた。傷ついた」とアピールする。「私ってかわいそうなの」と訴えて同情を引こうとする。そして、いつまでも被害者ぶる。

つまり、**周囲の同情を集めることに快感を覚えている**のだ。

このタイプは、日頃からどんよりとした雰囲気を醸していて、憂うつそうな表情を浮かべていることが多く、「どうしたの？」「何かつらいことでもあったの？」と聞かれると、「実は、そうなの」とばかりに喜んで〝打ち明け話〟をしてくる。その中身は、グチや不満の類ばかり。

こちらがそれに対して、「こうしたらいいんじゃない？」とアドバイスをしても、

「でもね……」とさらなる〝不幸アピール〟をして打ち消す。

こういう人は、〝弱い私〟〝被害者としてつらい思いをしている私〟でいるほうが居心地がよいのだ。そうした立場にいることで、周囲の関心を集めたい、常に守られる存在でありたいという願望を抱いている。だから、どんな助言も受け入れない。

そして何よりやっかいなのが、「私はかわいそうなの」としきりに訴えて、**「かわいそうなんだから、私のほうから少しは攻撃してもいいでしょ」**と、他人を攻撃する言い訳にしようとすることだ。〝弱い自分〟を演じ、相手が反撃できないような状況をつくり、巧妙に攻撃するわけである。

こうした**〝被害者を装った攻撃者〟**がいることを、頭の片隅に置いておいていただきたい。

TYPE 6

「誰かに当たらずにはいられない」

……「置き換え」タイプ

胸の奥にため込んでいる不満やうっぷんを、別の場所で無関係な人を攻撃することで発散するのが、この「置き換え」タイプだ。

バス会社で、クレームを一手に受けつけている人の話を聞いたことがある。その人の話では、ある運転手は乗客がバスを降りるときに、「ありがとうございました」ときちんと毎回、礼を言うのだそうだ。

ところが、ある日、一人の乗客に対して礼を言いそびれた。たまたまタイミングがズレてしまっただけなのだが、その乗客は運転手には何も言わずに、後になってバス会社にクレームの電話を入れてきた。

そして、「どうして、ほかの乗客には『ありがとうございます』と礼を言うのに、俺にだけ言わないんだ」と、延々と何時間にもわたってまくしたてたという。

怒られ続けたクレーム係の人は、「そんなに怒るようなことでしょうか。理解できません。こういうとき、仕事がつらいと感じてしまいます」とこぼしていた。

最近、こういう難癖をつけるクレーマーが増えている。

「ありがとうございました」と自分にだけ言わなかったというだけで、どうしてそこまで激昂するのか不思議なようだが、バスでの〝事件〟は単なるきっかけだったのではないか。

この人はおそらく、ほかのところ、たとえば家庭や職場で、よほどフラストレーションをため込んでいたと考えられる。家庭で家族から尊敬されない、職場では部下から陰でバカにされる、そんな事情があって、日頃からストレスがたまっていた可能性が高い。

それが、運転手に「ありがとうございました」と言ってもらえなかったことをきっかけに爆発したのではないか。

もし、日頃からストレスをためるようなことがなければ、礼を言われなかったというだけでバス会社にクレームの電話を入れ、何時間も怒り続けるということにはならなかっただろう。

日頃ため込んでいるストレスやフラストレーションを、別の場所で発散する。こういう人が「置き換え」タイプである。

家庭では奥さんに話を聞いてもらえないし、相手にもされない。それどころか、文句ばかり言われている。会社に行ったら行ったで、上司から頭ごなしに怒鳴られる。そんなおじさんはどこにでもいる。こういう人はストレスの発散場所がないわけだ。

一方、世の中には、自分でストレスをうまく調整している人もいる。たとえば、居酒屋で一杯飲んで、奥さんや上司の悪口を言うのも、ひとつの方法だ。確かにグチをこぼすのは非生産的だが、ストレスの軽減には役立つだろう。

でも、そんなふうにストレスとうまくつきあえない人は、そのストレスを自分より弱いところに「置き換え」るしかない。置き換えて、そこでストレスを発散しようとするのだ。

最近、駅員が暴力の被害に遭っているとよく聞くが、これも同じである。駅員や、コンビニやスーパーの店員は客に対してあからさまに反論できない。そういうところを逆手に取って攻撃する。それが「置き換え」タイプなのである。

TYPE 7

「自分と同じ恐怖を与えたい」

……「トラウマ」タイプ

自分が味わったのと同じ恐怖を、自分より弱い者に味わわせるという形で攻撃するのが、この「トラウマ」タイプだ。

攻撃されたときに味わった、強い恐怖や深い無力感。

それをどうにかして乗り越えるために、**自分がされたことを、自分よりもっと弱い者に対してする。そうすることによって、過去のトラウマを乗り越えようとする**のである。

これは、精神分析の世界で、フロイトの娘のアンナ・フロイトが言った「攻撃者との同一化」というメカニズムだ。

たとえば、虐待を受けて育った子どもが、大人になってから自分の子どもを虐待するようになったり、自分が受けたＤＶ（ドメスティック・バイオレンス）と同じことを弱い者に向けて行なったりすることを、「攻撃者との同一化」と呼ぶのである。

子どもの世界でも、この「攻撃者との同一化」は見られる。いじめられっ子は、どうやって自分の苦しみを乗り越えようとするのか？　自分よりちょっと弱い子を見つけて、その子をいじめる。そんなふうにして、いじめられて受けた心の傷を癒そうとするわけだ。

もちろん大人の社会、職場にもこういう人は存在する。

入社した頃に、「お前、いい加減にしろ、何しているんだ！」と怒鳴られていた人が、ちょっと上の立場になると、「何しているんだ、お前！」と先輩同様に怒鳴っている。まったく同じことを下に向かって繰り返しているわけである。

こういう人は、社会のどのような組織にもいるだろう。会社にも、役所にも、病院にも、大学にも棲息する。

サラリーマンもののテレビドラマで、脇役だが非常に強烈な印象を残す人物がいた。

人事部の次長で、人を呼び出して詰問するとき、机をバンバン叩いて攻撃するのだ。まねをする人もいて、一時期話題になった。

あの人など、典型的な「トラウマ」を押しつけるタイプではなかろうか。きっと若い頃に、同じように上司に目の前で机をバンバン叩かれて、厳しいことを言われたに違いない。

こういうタイプは、下の者にとっては恐怖だが、ある意味、弱い人間だと言えよう。自分が攻撃されて感じた無力感や恐怖、不安を自分では処理できない。自分で処理できないから、もっと弱い人に向かって同じことをする。ある意味では、気の毒な人だとも言える。

しかし、気の毒だからといって、そういう人を甘やかしてはいけない。それでは、攻撃の連鎖がいつまでも続くことになってしまう。

そもそも、いじめにしても、いじめっ子のほうも、かつてはやられていたことが多い。それで、やられたことを誰かにやり返すわけだが、一番弱い人たちはやられっぱなしで精神的に追い込まれてしまう。

このようにして学校でも会社でも、攻撃は上から下へと連鎖していくわけだ。こういう負の連鎖は、どこかで止めなければならない。

TYPE 8

「傷つけるのが快感」

……「サディスト」タイプ

他人を傷つけるのが〝快感〟だというのが、この「サディスト」タイプだ。

サディスティックな欲望を持っている人は、他人を傷つけて相手が泣いたり苦しんだりしている姿を見て、そこに快楽を覚える。

この社会には、他人を壊したい、傷つけたい、泣かせたいというサディストが一定の割合で存在する。それはどうしようもないことだから、そういうサディストはこちらが見極めて避けるしかない。

ときどき猟奇的な殺人がニュースになることがあるが、犯人がサディスト的な傾向を持っているケースが多い。

そこまで極端でなくても、口で言うだけではなく、激昂して物に当たる人がいることは、多くの人が体験していることだろう。

たとえば、怒って机を叩くような上司。それで**相手が動揺しているのを見て、スカッとするような感覚を味わう**のだろう。

そういうところに「快楽」を見出すのがサディストの特徴なのである。


私の知人の勤めている会社に、サディストっぽい人がいるのだそうだ。

知人は営業に回されたのだが、なかなか仕事がとれなかった。遅い時間に帰社して席につくと、サディストの上司が近くを通るフリをして、椅子の足を強く蹴ってくるらしい。

椅子には小さな車輪が付いているので、簡単に倒れるわけではないが、衝撃は大きい。

「あ、すまん」

上司は一応そう言うのだが、故意に蹴っていることは間違いない。なぜなら、何度も何度も同じことを繰り返すのだから。

「目つきも怖いんです。こっちが怖がっているのを喜んでいるようで。あの目を思い出すと、今も恐ろしい気がしますよ」

知人はこのように語っていた。


また、こんな例もある。

ある男性の妹は結婚を機に、幸せ太りなのか太ってしまい、自分でも気にしていたそうだ。おまけに、夫から「やせろ」「ダイエットしろ」とたびたび言われ、いろいろな方法を試してみたが、リバウンドを繰り返していた。

ある日、男性が妹の家を訪ね、妹夫婦と食事をしていたとき、夫が太ったテレビタレントのことをさかんに話題にして、

「あんなに太って醜《みにく》いのに、テレビに出てはダメだ」

「やせる方法を投書で教えてやろうか」

とか、非難し始めた。

すると、妹はほほ笑んだまま、台所に洗いものに行ってしまった。兄が様子をそっとうかがうと、妹は先刻までのほほ笑みの表情はなく、悲しそうにうつむき、唇を噛んでいた。

この兄は、夫がただ妻をいじめるためだけに、太ったタレントを非難していたのだと気がついて、言葉を失ったという。

2章

たったひとつで〝立場〟は逆転する!

——どうすれば、相手の出方は変わるか

「同じ土俵」に立ってはいけない

前章で、攻撃者の「8つのタイプ」を紹介したが、さて実際に、そういう人たちから言葉で攻撃された場合、どのように対応したらいいのだろうか。

きつい言葉を投げかけられたり、〝上から目線〟で蔑《さげす》まれたりしたら、即座に自分自身の心に〝応急処置〟をする必要がある。

なぜなら**攻撃をしてくる人は、あなたに〝自分の攻撃が届いたかどうか〟を、確認したがっている**からだ。

たとえば、いやみを言ったら、こちらがそれを受けてムッとしたり傷ついたりするのを見たがる。侮辱の言葉を投げかけたら、こちらがそのために泣いたり、怒ったりするところを見たがる。

そういう相手の〝期待通りの反応〟をしてはいけない。ハイエナの絶好の獲物になるようなものだからである。

特に前章で分析した「サディスト」タイプは、人を壊したい、傷つけたい、泣かせたいという欲望を抱いている。相手に、そんな攻撃の手ごたえや満足感を与えない、サディスティックな欲望を満たさせないことが大切である。

詩人の寺山修司は**「醒《さ》めて、怒れ」**と言っているが、けだし至言である。攻撃を受けたからといって、自分も感情的になりすぎて、同じ土俵に立ってしまったら相手の思うツボ。

あくまでクールに、〝醒めて怒る、醒めて言い返す〟のだ。

とにかく、相手と同じ土俵に立たない。クールに醒めていることが肝要だ。

相手にとって都合のいいサンドバッグにされないためにこそ〝心構え〟が必要になる。

■相手を〝上から見下ろす〟視点を持つ

その心構えだが、醒めて言い返すために何よりも必要なのは、〝相手がなぜこういうことを言っているのか〟を分析することだ。

相手の気持ちを見極める。そのためには、相手のタイプを知っておく必要がある。たとえば、「その洋服可愛いけど、来年になったら流行っていないよね」と言うような女友だちは「羨望」タイプだし、「いいから俺の言う通りにしろ」と理不尽に命令するような上司は「王様」タイプだと、即座に分析するのだ。

そのためには、状況に圧倒されてしまわずに、冷静に相手を観察することが必要だ。たとえば、前章で紹介した、バス会社にクレームをつける「置き換え」タイプ。こういう人は本当は寂しいし、不幸なのだ。もし満ち足りていたら、何時間も電話口でクレームをつけるなどということはしないはずである。

延々とクレームを受けている最中は、自分のほうが形勢不利なように感じるかもしれないが、「この人はヒマで不幸なんだな」と思えば、少しは気が楽になる。

こちらが、上から相手を見下ろしているところをイメージするのだ。

そうすれば、「お気持ちは承りましたので、これで受話器を置かせていただいてよろしいでしょうか」と、話を切り上げることもできるだろう。

幸福で満ち足りている人は、他人を攻撃しない。

心が満ち足りていないとか、歪《ゆが》みを抱えているという人だけが、他人を攻撃する。

だから、もし攻撃されたら、攻撃する側は満たされぬ思いを抱えていて不幸なのだと自分に言い聞かせるべきだ。

こういう気持ちの持ち方は、自分の心を守るためにこそ必要なのである。

即座に相手を分析することは難しいかもしれないが、会社で一緒に過ごしている人や身近な人であれば、その人がどういうタイプなのかを日頃から観察できるだろう。

まずは落ち着いて、「この人はどうしてこんなことを言っているのかな」と考える。

そして、深呼吸をする。一度大きく息を吸い込んで、吐き出す。たかぶった感情を鎮《しず》めるには、深呼吸が有効だ。

相手と自分の間にはっきり〝境界線〟を引く

攻撃を受けたときには、「自分のせいだ」とか「自分が悪い」と思わないほうがいい。

他人を攻撃する人に限って、「あなたが悪いんだ。あなたにこういう悪いところがあるから、私はあなたを叱ったり、机をバーンと叩いたりしているんだ」と、こちらに罪悪感を与えるような言い方をする。

しかし、それは向こうの戦略なので、乗ってはいけない。

自分が本当に大切なところで間違えたのであれば、反省して直さなければいけないが、すべて自分のせいだと思い込まないことが大切だ。向こうは、欲求不満やストレスをあなたにぶつけているだけかもしれないのだから。

攻撃的な人と向き合う際には、「相手の感情と自分の感情に境界線を引く」ことが大事だ。相手もある程度興奮しているので、それに巻き込まれないように気をつけなければならない。

■ この〝線引き〟で、もう攻撃の手を侵入させない

たとえば前の章で取り上げた「悲劇のヒロイン」タイプのように、

「自分はすごく気の毒な人なのよ」

「私はかわいそうな人なんだから。弱い人だから」

と、弱者であることを言い訳にして他人を攻撃し、それが許されると思っている人がいる。そういう人の感情に巻き込まれないことが大事だ。

「あなたの感情と私の感情は違うんです。あなたと私は別の人間なんです」

というふうに。この線引きはきちんとしておかなければならない。

たとえば、攻撃を受けたときには、次のようにイメージしてはどうだろうか。

目の前で、相手が怒りに眼をらんらんとさせて、何かを激しく怒鳴り散らしている。

または、大粒の涙を流しながらいかにも悲しそうに、被害者然とした顔で、こちらに訴えかけている。

あるいは通りすがりに、投げ捨てるように、いやみを吐いて去っていく。

しかし、彼らが怒り狂って何を叫ぼうと、いかに泣きわめこうと、どれほどきつい皮肉を口にしようと——その攻撃の手はこちらの心に侵入する前に、空中でポキッと折れてしまう。

まるであなたの全身が、強力なバリアに覆われているかのように。

そしてあなたは、相手を冷静に上から見下ろすことができる。

こんなふうに本来、彼らの感情は、あくまで彼らだけのものだ。あなたの感情も、どこまでもあなただけのものなのだということをお忘れなく。

■「ショックを抑えられない」というときは

そうは言っても、他人から攻撃されると、冷静に醒めていることなどできずに、ショックで固まってしまうという人も少なくないのではないだろうか。体がとっさに自然に反応してしまって、「傷ついた」という表情を浮かべたり、口がきけなくなったりするかもしれない。泣いてしまうことだってあるだろう。

そのせいで、相手にナメられることもあるかもしれない。「泣けばいいと思っているの？」と相手がヒートアップするかもしれない。

そんなふうに、「攻撃を受けたときに自分自身の感情が爆発してしまうのを、どうしたら押しとどめられるでしょうか」という相談もよく受ける。

私は、そういう場合は感情を抑え込もうとせずに、そのまま出したほうがいいと思っている。

というのも、本当に追い詰められている人は、むしろ感情を出せないからだ。感情を表に出せず、無表情でずっと下を向いている。こうしてため込んだ感情が後になって体にまで影響し、寝込んでしまうようなことになる。内向しすぎると、感情の出口がなくなってしまうのだ。

寺山修司は、**「怒りというのは排泄物のようなもので、一定量おなかのなかにたまるとどうしても吐き出さざるをえなくなる」**と書いている。

感情を制御しきれないなら、少しずつ外に出すようにしよう。

感情を出してしまうと、「相手にナメられる」と思うかもしれないが、そのときも、**顔をあげて相手を正面から見据える**ことが大事だ。

泣きながらでも、相手の顔を見る。硬直してしまって何も言えなくても、相手の目をじっと見つめ返す。

「私はこんなことぐらいでは、あなたから逃げません」という意思表示をするのである。

そして、心が落ち着いてから、次章以降で紹介する言葉で「言い返す」のだ。

大切なのは、ガンガン攻撃されていても、心の中で**「これは場数を踏んでいる状態なんだ」**と自分に言い聞かせることだ。

「これで今日もまた場数を一つ踏んだな。じゃあ、この〝場数ポイント〟を百個ためれば無敵になれるな」と心の中でつぶやいてみよう。

逆に、こういう場数を踏んだ経験がない人は、すごく弱い。

いろいろ言われて泣いてしまうこともあるかもしれないが、それも「場数」のひとつで、経験を積むことができたと思えばいい。

最近は大学を出るまで、親や先生にも怒られたことがない人もいるという。そういう人が社会に出ると、打たれ弱くて、本人も周囲もすごく困るのである。

我慢していればいつか解決する——は幻想

攻撃的な人、こちらを虐《しいた》げようとする人、悪意を抱いている人、ヘンな人にまでいつも、誰にでも「いい人」と思われたいという欲望を捨てきれない方が実に多い。

「好かれたい」「認められたい」などと思う必要はない。これは当たり前のことなのに、

もちろん、自分に対して礼儀正しく、きちんとしてくれる人には、こちらもきちんと対応しなければいけない。しかし、理不尽な要求をする上司や、人を傷つけるようなことを平気で口にする友人に対してまで、同じように対応する必要はない。

みんなに好かれたい、よく思われたい、どんな人にも優しく接しなければならないと思い込んでいないだろうか。誰かに嫌われたら仲間外れにされるという不安を抱いていないだろうか。

その不安からへりくだった態度をとり、たとえいじわるをされてもニコニコ笑って

いたら、いつか相手が優しくなってくれるのではないかという幻想を抱いている人は少なくない。

だが、現実はそうではない。マキアヴェッリは『政略論』の中で、「別の人格を装うことは、場合によっては賢明な方法になることがある」と言っている。**「常に〝いい人〟でいる」のではなく、「一時的に〝別の人格〟になる」ことが、賢明な場合もある**ということだ。

自分を攻撃してくる人に対して、「いい人」になる必要はない。

むしろ、「いい人になりすぎない」ように注意することが重要だ。

そもそも、攻撃してきて、こちらが傷つき、苦しむのを眺《なが》めながら快感を覚えているような相手である。そういう人に「いい人」と思われたいかどうか、胸に手を当てて考えてみるといい。

■時には、「性善説」を捨てて考える

「謙譲の美徳」とはよく言われるが、へりくだった態度や礼儀正しい対応を示したら、

相手が変わるなどと期待しないほうがいい。「この人はそういう人なんだ」と思うべきだ。世の中には、性善説で考えてはいけない人が確実に存在する。

マキアヴェッリも、

「謙譲の美徳をもってすれば相手の尊大さに勝てると信ずる者は、誤りを犯すはめにおちいる」

と書いている。

謙譲の美徳で、攻撃的な相手を打ち砕けるとは思わないほうがいい。

謙譲の美徳をもってすれば、向こうが変わると思っていたら、こちらが破滅することになる。

たとえば「サディスト」タイプは、攻撃に対して無抵抗で、反撃なんかしそうにない「いい人」を狙って攻撃してくる。

誰に対しても優しく温厚な姿勢を崩さない、「いい人」であればあるほど、攻撃されやすい。繰り返しになるが、性善説ではやっていけない。

患者さんにも、ものすごく攻撃的になる方がいる。自分は患者なのだから何でも許されると思っているようで、入院中に看護師さんにセクハラをしたり、暴言を吐いたりする。暴力を振るうことさえあるから驚く。そういう場合は私も、医者として「やめてください」とはっきりと言う。

以前、入院中にセクハラや暴言・暴力を繰り返して強制退院になった患者さんが、具合が悪くなって救急車を呼んだ。そして驚くことに、救急車が到着したとたん、「遅い！」と怒って救急隊員を殴ったという。救急隊員はすぐに警察を呼び、その患者さんは傷害罪で逮捕された。

こういう例もあるのだから、毅然《きぜん》とした態度をとらないといけない。

■「超多重人格」ぐらいでちょうどいい

実を言うと、人間の性格というのは本質的なところでは、それほど変わらない。よほど死ぬか生きるかというようなことがない限り、「三つ子の魂百まで」ということわざ通りで、人間はなかなか変わらないものだ。

ただ、〝自分を他人にどう見せるか〟は、変えられる。

先ほど紹介したマキアヴェッリの言葉を思い出していただきたい。
「別の人格を装うことは、場合によっては賢明な方法になることがある」
人間は本質的に変わらないけれど、「別の人格を装う」ことはできるのである。

そもそも私たちは誰しも、ある意味で「多重人格」だ。ある人の前では、こういう人格を装っているけれども、別の人の前では別の人格を装うということが誰にでもあるだろう。

会社で見せる人格、友人の前で見せる人格、家族の前で見せる人格は、それぞれ違う。会社では部下の前で威張っているおじさんが、家に帰ると奥さんの前でご機嫌取りをする。そういうことだってあるわけだ。

私たちはこのように、何通りもの人格を使い分けて生活している。それを認めて、いわば**「超多重人格」**で生きればいい。
「多重人格」では、いくつかの人格が三角形とか六角形とかを形づくっているようなものなので、角が目立つ。それに対して、「超多重人格」であれば、角が非常に多くなるので、全体として円に近づいていく。だから、むしろ角が目立たない。それを意識的にやればいいのである。

つまり、**相手に合わせて、その場その場で自分の〝見せ方〟を変える**のだ。

常に「いい人」でいる必要は決してないのである。

■それは「悪意のある攻撃」？「受け止めるべき指摘」？

気をつけなければならないのは、悪意からではなく、本当に相手が自分のためを思って叱ってくれている場合もあるということだ。自分のためを思って言ってくれていて、言い方がきついだけという人もいる。

その見極めが必要だ。

会社組織の中でも、「君に期待しているから叱るんだ」と言う人がいる。本当に育ててやろうという大きな愛のもとにやっているのか、単に相手の打算でやっているのか。そこをしっかりと見極めなければならない。

他人から厳しいことを言われたとき、それが悪意のある攻撃なのか、それとも真摯《しんし》に受け止める価値のある指摘なのかを、どう見分けるか。

それには、自分の心や体を信じることだ。心や体が自然に反応するから、それをしっかり観察すればいい。

ある人に、ひどく批判されたとする。その人は「あなたのためを思って言っている」と言っている。しかし、ものすごく体が疲れたり、心がドーンと落ち込んだりする場合は、悪意のある攻撃とみなすほうがいい。自分の心と体は〝リトマス試験紙〟なのである。

知り合いの女性の夫は、会社のある先輩と飲んだ日に限って、いつも悪酔いするのだという。

その先輩は、「俺がお前を引き上げてやって、お前のためを思ってこれだけ言ってやっているんだ」というのが口癖だった。そういう隠れ蓑《みの》を使って、恩着せがましい態度で攻撃していたのだ。

だから、その先輩と飲んだ日に限って、夫は悪酔いしていたのだろう。ある日、本人もそのことに気づいて、その先輩とは飲みに行かないようにしたという。

まさに、自分の心と体はリトマス試験紙である。自分の心と体の反応を信じてあげてほしい。

ここまで、攻撃に対して切り返す際の〝事前の心構え〟について述べてきた。

次章以降で、いよいよ〝実践〟に入っていきたい。

3章

どんな相手も怖くなる「7つの武器」

――この〝切り返し〟をされたらかなわない

いかなる攻撃にも〝対応の仕方〟がある

私がこれから提案する反撃の方法は、攻撃してきた相手と同じ土俵に立って、取っ組み合うためのテクニックではない。

自分自身の心を守りつつ、相手の攻撃を〝空回り〟させる。

ヒートアップしかけた場を鎮め、なおかつ同じ状況を繰り返させない。

そのための〝賢い言葉の選び方〟だ。つまり、**「ケンカの勝ち方」ではなく、「ケンカにしない・させない」ための、大人の対応術**である。

さて、1章の「攻撃者」のタイプ別分析で、彼らの心の裏側をご理解くださったと思う。きつい一言、挑発的な言葉、優しさに見せかけたののしり……そのどれにも、さまざまな感情や背景が隠されているわけだ。

しかし、**たとえ相手が変わっても、シチュエーションが変わっても、攻撃的な言葉の〝中身〟が変わっても、それに対する「切り返しのコツ」は変わらない。**

そのコツは、大きく分けると7つある。

さらに、それぞれのコツにもとづいた、切り返しの「セリフ」がある。いかなる攻撃にも、この中のどれかが確実に〝使える〟はずだ。

続く4～6章で、「職場」「友人」「家族」と、私たちの日常生活でよく見られる具体的な〝攻撃〟のケースを取り上げて、よりくわしく対応策を考えていくことにしよう。

TECHNIC 1

相手の〝裏の心理〟を突く

皮肉を言ったり、いやみや自慢をぶつけたりしてくるのは、その裏にこちらに対する恐怖や羨望、優位に立ちたいという心理があるためだというのは、1章で述べた通り。そこを逆に上手に利用するのが、有効な方法だ。

たとえば、相手の発言をそのまま〝オウム返し〟する。「頭悪いわね」と言われたら、「『頭悪い』って、どういう意味ですか？」というふうに。

あるいは、過剰にほめたり、自慢話には先回りしたりして「あなたの裏の気持ちはわかっている」とアピールする。

これは、イメージとしては相手にサッと鏡を差し出して、「そんな感情を抱いているなんて、恥ずかしくないんですか？」と迫《せま》る感じだ。鏡に映る自分の姿に気づかせ、恥じ入ってもらうのである。

オウム返し
「○○って、どういう意味ですか？」
↓96ページ参照

過剰にほめる
「さすがですね！」
↓158ページ参照

先回りする
「それで、こうなったんですよね」
↓126ページ参照

見せかけの賛成
「おっしゃる通りです。それで、何なのでしょうか」
↓120ページ参照

TECHNIC 2

別の話題に誘導する

カチンとくる侮辱の一言、挑発的な言葉、不毛な悪口……こうしたイヤな会話から逃れる最善の方法は、まともに取り合うのではなく、「別の話題」に誘導してしまうこと。

「そういえば……」と会話の流れを断ち切って、とんちんかんでもいいからまったく関係のない話題をふったり、自分が話したいことを話したりするのだ。

このとき目上の相手なら、その日のニュースとか天気といった、ありふれた無難な世間話をするといい。友人や同僚なら、趣味やテレビ番組などの楽しげな話題を持ち出すとスムーズにいくだろう。

こちらは何もしていないのに、相手がネガティブな会話の舞台に立たせようとしているのだから、それに乗らないことだ。話題を別の方向に誘導することで、あくまで

親切に礼儀正しく、その舞台から相手を降ろしてやるといい。

とんちんかんに
「ところで、今朝のニュースで……」
↓108ページ参照

自分が話したいことを話す
「そう言えば、あの映画見た？」
↓174ページ参照

TECHNIC 3

矛先をそらす

「置き換え」タイプや「トラウマ」タイプからの、根拠のない理不尽な攻撃。「羨望」タイプや「悲劇のヒロイン」タイプの、聞くだけで気が重くなるグチや悪口――。

これらは、そもそもが的外れで見当違いなもの。矛先を自分からそらさせるしか対処法はない。

「そんなことを私に言われても困ります」と正面から言って〝盾〟をつくり、ターゲットにされるのをきっぱりと拒否する。あるいは、話をこちらから切り上げて、その場を立ち去ることだ。

逃げ切れない相手や目上の相手なら、「あえてほめる」のが有効なこともある。ほめられてイヤな人はいないし、自分をほめてくれる人には、攻撃できなくなるもの。

そもそも、相手は何らかの欲求不満を抱えているから、それをこちらにぶつけてき

たのである。ほめることで自尊心を上手にくすぐり、その欲求不満を解消してやればいい。

盾をつくる
「私にそう言われても困ります」
↓130ページ参照

切り上げる
「もう行ってもよろしいでしょうか」
↓162ページ参照

あえてほめてやる
「そんなことより、あなたのその服、素敵ね」
↓150ページ参照

TECHNIC

4

〝一段上〟に立つ

攻撃してくる相手は、基本的に不幸で心の寂しい人。

そういう相手を「この人はかわいそうな人なんだな」と一段上から、冷静に見下ろすような心構えを保ち、賢く対応することだ。

たとえば、激昂して怒鳴っている人に対しては、「落ち着いてください」「今、早口でおっしゃったので……」と冷静に観察したうえで、辛らつな感想を述べる。

イヤな発言には、「それは面白いご意見ですね」とユーモアで返し、煙に巻く。

また、身ぶり手ぶりだけで〝受け流す〟のもありだ。あえて何も言い返さず、目を丸くして肩をすくめたり、悠然《ゆうぜん》と微笑んだりするだけで対応する。そうすることで、攻撃を浴びても余裕のある姿勢をアピールすればいい。

自分が高い位置に上れば、突進してくる相手との〝正面衝突〟が避けられ、その場

をクールダウンできるのである。

冷静な観察を述べる

「ちょっと落ち着いてください」

「今、早口でおっしゃったので、もう一度お願いできますか」

↓134ページ参照

ユーモアで返す

「それは面白いご意見ですね」

↓122ページ参照

身ぶり手ぶり

目を丸くして肩をすくめる・ほほ笑む

↓100ページ参照

TECHNIC 5

周囲を味方につける

そもそも攻撃というのは、「加害者」と「被害者」の二者関係で行なわれるもの。「加害者」の側が「他の人は見ていない」と思えば、攻撃がエスカレートして歯止めがきかなくなり、「被害者」はますます苦しくなる。

そういう状況に、まわりを巻き込んでしまうことで、一気に風穴を空けることができる。

たとえば「失礼ですね」「それはないと思います」と、まわりに聞こえるぐらいの大きな声で言う。これで〝閉じられた攻撃〟は、瞬時に〝周知の事実〟になる。大勢の目のある中では、相手もそう卑怯《ひきょう》な手段に出ることはできない。

それでも攻撃をゆるめない場合は、「わかりました。今おっしゃられたことを、○○さんにも報告します」「社長に相談します」というふうに、相手が恐れている存在

を持ち出してしまうこと。この一言で、相手の攻撃に歯止めをかけることができる。相手があまりにひどい場合は、「自分一人だけの力でどうにかしようとしない」ことも、非常に大切だ。

まわりに聞こえる声でアピール

「失礼ですね」
「ひどいですね」

↓166ページ参照

相手が恐れる存在を使う

「これは、○○さんと決めたんです」

↓138・196ページ参照

TECHNIC 6

あえて〝無防備〟になる

多くの人が「言い返す」際に、やってしまいがちな失敗――。

それは、相手が〝言葉の武器〟を持ち出して攻撃してきたところに、こちらも同じ武器を持ち出して応戦しようとすることだ。

相手が投げてきたようなきつい言葉を、さらに返す。そうすると、いつまでも言い争いの〝戦争状態〟が終わらなくなってしまう。

そこで、「私はあなたを攻撃するつもりはありません」という意思を伝え、こちらから先に武器を置くのも、試してみるべき方法である。

具体的には、「私は傷つきました」と言う。そのうえで、それでも「あなたを嫌いになりたくない。だから、そういうことは言わないでほしい」と言えば、さすがにどのような相手も恥じ入る思いが湧いてくるはず。

無防備な相手にまで、しつこくねちっこく攻撃し続けられるという強者は、そういないものだ。もしいたら、正真正銘のサディストなので、「根性曲がりにつける薬はない」とつぶやき、あわれみのまなざしを向けよう。

ストレートに感情を伝える

「あなたの今の言葉に、傷つきました」

↓188ページ参照

ほとけの一言

「あなたを嫌いになりたくないので、そんなことを言わないでください」

↓208ページ参照

TECHNIC 7
筋違いの期待を〝裏切る〟

攻撃してくる人は、相手が傷ついた様子を見せたり、怒りを爆発させたりすることを期待している。「不幸になればいい」という思いを抱いているわけだ。

そこで一番いいのは、「あなたのそんな発言、私は少しも気にしていません、応えてもいません。そんな攻撃は、少しも私の幸福を脅かすものではありません」と、言葉や態度で示してしまうこと。

無礼なことや皮肉を言われても、太陽のようにまぶしい笑顔を見せて、別の話題をふる。「へえ」「そうですか」と、涼しい顔でスルーする。

マウンティングをされても、「そんな序列は私にはどうでもいいの」という態度で切り返す。

こうした〝期待を裏切る〟対応こそが、相手の攻撃を最も無価値化するのである。

まぶしい笑顔

「今度、一緒に出かけない？」

↓154ページ参照

涼しい顔でスルーする

「へえー」「そうですかー」

↓100ページ参照

序列から降りる

「私はとても幸せなの」

↓170ページ参照

次章から、具体的な日常生活で考えうる、さまざまなシチュエーションを取り上げながら、「ケーススタディ」で見ていく。

まずは、何かと上下関係の難しさが絡《から》んでくる職場での話からだ。

4章

職場で

この一言で、「気持ち」も「仕事の進み」もスッキリ！

難しい上下関係間でも解決策はある

職場の同僚・上司というのは、一見、関係性がはっきりしているようで非常に不安定な人間関係だ。

なぜなら同僚とは、同じ職場で仕事に取り組む仲間でありながら、同時にまた、仕事のうえで競い合うライバルでもあるからだ。

そのため、多くの人は同僚に対して、日頃は意識していなくても、潜在的に「敵対心」に近いものを抱いている。こうした「敵対心」が、何かをきっかけにむき出しになると、きつい言葉による攻撃が同僚に向けられる。

また、上司からの教育・指導を装った〝攻撃〟に苦しめられている人は、いうまでもなく非常に多い。

きつすぎる言葉で叱責する上司、部下を支配しようとする上司、長時間にわたって部下を立たせて説教を続ける上司……。

これらは、「部下に対する教育」というには、あまりにも過激な言動だ。

しかも目上の存在であるがゆえに、最も「言い返したくても言い返せない」相手なのである。

だが、そのために心を摩耗《まもう》し、自信を喪失して仕事が手につかなくなっては、やっていられない。

仕事の内容や成果について悩むのではなく、あくまでその周辺にすぎない人間関係で悩まされるのは、大きな損失である。

そんな攻撃をサラリとかわし、その後も職場で快適なポジションを維持するためにはどうすればいいのか、事例に沿って具体的に説明しよう。

CASE 1

いやみ→「オウム返し」作戦で、戸惑わせる

チクリとした「いやみ」を言ってくる人というのは、どこにでもいる。

それを言ったほうは、平気な顔で愉快そうにしているのに、言われたほうは胸に深く突き刺さり、なかなか忘れられないものである。

私の外来を受診した三十代のA子さんも、言葉のきつい同僚との関係に悩まされているということだった。

A子さんは几帳面な性格で、細かい点まで丁寧に確認するタイプなのだそうだが、ある日、書類の細部の点検に没頭していたら、「よくやるわねぇ。あなたみたいなのを〝ヒマ人〟っていうのよ」と、同僚が席の後ろを通りながら言ったのだという。

A子さんは同僚の発言に驚き、何も言い返せなかった。

しかし、その同僚の仕事は雑で、つくった資料はいつも誤字脱字がある。それをしょっちゅう上司に注意されているらしい。

「なぜあの人に、あんなことを言われなければならないのかわかりません」

とA子さんは悔しがる。

こうしたいやみ、言葉のトゲの裏に隠されているのは、「羨望」だ。

「あなた、ヒマ人よね」と言った同僚は、A子さんの丁寧な仕事ぶりに対して、うらやましく思う気持ちがあったのだろう。なぜなら、それは〝自分にはできないこと〟だとわかっているからだ。そんな相手がねたましく、それゆえに攻撃の牙をむいてしまう――まさに1章で述べた「羨望」タイプである。

さらにその裏に隠されているのは、「ヒマ人よね」とけなすことによって、自分のほうが優位に立とうとする〝自己愛〟だ。

しかも、そういう皮肉を口にすることで、相手が自信をなくして仕事ができなくなれば、「自分のほうが高く評価されるかもしれない」とひそかに期待しているわけで、利得もからんでいる。こういうタイプは、相手をおとしめれば、相対的に自分の価値が上がると勘違いしているのである。

こうしたいやみに対して〝言い返す〟には、**「オウム返し」**がいい。

ただ、相手の発言をそのまま繰り返すのだ。「ヒマ人」だと言われたら、**「ヒマ人ってどういう意味ですか?」**というふうに。

こんなふうに、相手の発言の意味を聞き返すだけで、「そんな侮辱を口にするなんて、私に対して失礼ではないですか」という抗議になるのである。

すると相手は、予期せぬ切り返しに「え?」と戸惑うだろう。どういう意味かと問われて、答えられるはずがない。こちらに対するねたみやひがみからきている、中身のない発言でしかないのだから。そうなると、相手は自分の発言を恥じ入らずにはいられない。少なくとも、同じようなことを言われることはなくなるだろう。

このオウム返し作戦は、あらゆる〝イヤな発言〟に有効だ。

上司に「もう若くないもんな」と言われたら、「若くないとは、どういう意味ですか」。女友達に「どうしてそんな服買ったの?」と言われたら、「そんな服って、どういう意味？」。

こんな具合に、相手の発言をただそのまま繰り返せばいい。

このとき肝要なのは、相手をまっすぐに見つめ、冷静に問いかけるようにすること。少しほほ笑みながら、余裕を感じさせるように言えれば、なおいいだろう。

あるいは、「本当に意味がわからないんです。教えてくださいませんか」と、純粋にわからないという表情で問うのもよい。こうすれば、ユーモア混じりに相手を揶揄《やゆ》することができる。そんな無粋な発言をするあなたよりも、こちらのほうが一枚上手ですよ、とアピールするわけだ。

いずれにしても、オウム返しをすることで**「そんな言葉では、私は傷つきません」と示し、相手の発言を無価値化する**のだ。

「あなたが私をうらやましがっているのは、ちゃんとわかっていますよ」、そう心の中でつぶやきながら。

この手がある！

「△△とは、どういうことですか？」

CASE 2

ひがみ→「のんきな一言」で、相手の気を抜かせる

ギスギスした社会、「ひがみ」はあらゆる組織にはびこり、人間関係を傷つける。

自分は恵まれていないのに、あいつだけがなぜ……。

実力は私のほうが上なのに、あの人は上司の受けがいい。

そんな思いから発せられる「ひがみ」の言葉は、受けた者を不愉快にさせる。


二十代後半のB子さんは、ある会社で営業をしている。

成績は順調だが、ひとつ悩みがある。

同じ部署の男性の先輩から、ひがみ根性丸出しのいやみを言われて、困っているのだ。

「女を武器にできていいね」

「若い女は得だ」

こんなことを言われるので、ムカッとくるという。自分の実力なのに……と。

仕事を邪魔してくるわけではないのだが、こんないやみを言われるのがイヤで、会社に行くのが憂うつになるときもあるという。

女性というだけで「女は得だ」などと言われてムカッとしている人は、世の中に大勢いるだろう。

腹は立つかもしれないが、B子さんは安心していい。なぜなら、こんなことを言う男性はB子さんを心底うらやましがっているからだ。B子さんは営業成績が順調で、上司から認められている。それがうらやましくてしようがない。

恵まれている人が許せないという「羨望」を、この男性は抱いている。

しかし、男性としては、しかも先輩としては、B子さんの成績がいいことを、彼女の能力と努力の結果だとは認めたくない。なぜなら、それは自分の負けを認めることになるから。だから、こんなことを言うのである。

「若いから」

「女だから」

「運がいいだけ」

こういうことを言って、彼女の働きの結果を無価値化したいのである。自分のプライドのために。


こんな男性に対して、どんなふうに応じたらいいだろうか。

たとえば、こんな〝のんきな一言〟はどうだろう。

「へえ、そうですか」

「あら、まあ」

つまり、**やんわりと「スルーする」**のである。

どのような場合でも、攻撃してくる人は、こちらが傷ついた様子を見せることを期待している。

それに対して「へえ」「ほお」「あら」「そうですか」と、のんきで気の抜けた短い返事をすれば、「あなたの言葉は少しも応えていませんよ」という意思表示ができる。

あるいは、何も言わずに身ぶり手ぶりだけで、**目を丸くして肩をすくめ、「それはどうかしら？」という表情を浮かべる**のもいいかもしれない。

「そう？」といった顔で、**満足げににこっとほほ笑んで見せる**のも、スマートだろう。

こうすれば、相手は期待通りの反応を見られずに、空回りするというわけだ。

イヤなことを言われたからといって、いちいちカリカリするのは損。

「金持ちケンカせず」ということわざがある。多くを持つものはケンカなんてする必要がない、という意味だ。

この場合、B子さんは「金持ち」、つまり、現状で勝っているのだから、何を言われようと気にすることはない。軽やかにスルーするだけでいいのである。

この手がある！

「へえ、そうですか」
身ぶり手ぶりだけで受け流す

CASE 3

あからさまなライバル意識

↓〝ほめ返し〟で煙に巻く

どんな世界にもライバルは存在する。しかし中には、こちらは何とも思っていないのに、ヘンなライバル意識を燃やして対抗してくる人たちもいる。

「俺はお前よりデキるんだぞ」というアピール。あれって何なの？　と思いながらもモヤモヤした気持ちにさせられるだろう。

ある二十代の男性は、同期がたびたび〝忙しいアピール〟をしてくるのが、うっとうしいという。

「今日、会社の窓から朝日が昇るの見たわー（会社で徹夜したという意味）」

「嫁さんの飯、もうずっと食ってないわー（家には寝に帰るだけというアピール）」

こういう発言には、次のような意味が込められている。

「俺はたくさんの仕事を任せられているんだぞ」
「俺は有能だが、お前たちはヒマそうだな」
無視すればいいとは思うものの、この男性はこんなねじ曲がったライバル意識にうんざりしているらしい。

こういうライバル意識はあきらかに「自己愛」に由来する。自分が大好きで、自分に酔っている。そして、周囲よりも自分が優位に立ちたいから、遠回しに自慢しているのだ。

1章で取り上げた、「裸の王様」タイプの小物版と見るとよいだろう。見ようによっては、可愛いものではないだろうか。だから、ここは素直にほめてあげればいい。

「お忙しそうで大変ですねー」。これで丸くおさまるだろう。

この場合だけでなく、攻撃してくる相手に対して、**「とりあえずほめる」**という対処法は、効果的だ。

なぜ有効なのか？

相手は〝忙しいアピール〟という攻撃をしかけて、こちらが黙りこむなりムッとするなり焦るなり、何らかの「へこんだ反応」を見せるのを期待したのにそうならなかった、つまり攻撃が効かなかったことを思い知らされるからだ。

おまけに、へこまないだけではなく、

「それはそれは、忙しくて大変ですね」

と、こちらの発言はどこ吹く風という表情でほめられると、暖簾《のれん》に腕押し状態で調子が狂ってしまうだろう。

このように、反撃の基本は**「〝相手の期待通り〟の反応をしない」**ということにある。

これを繰り返していると、何を言ってもダメージを与えられないことに相手も気づいて、だんだん〝忙しいアピール〟をしてこなくなるだろう。

「お忙しくて大変ですね！」

「ご活躍ですね！」
「さすがですね！」
ほめてあげることで、相手をコケさせるのである。

この手がある！

「お忙しそうで大変ですねー」

CASE 4

上から目線

↓〝とんちんかんな切り返し〟で面食らわせる

「上から目線」ほど、人をいら立たせるものはない。

「お前、何も知らないんだな」「バカじゃない？」。自分はあたかもすべてを知り尽くしているような物言いで、聞いているほうはカチンとくる。

こういう「上から目線」には、どんなふうに対処すればいいのだろうか？

ある二十代の男性。会社の同僚である四十代後半のおじさんの「上から目線」に日々悩まされている。

話をしていて、「それって何ですか？」などと問いかけようものなら、このおじさんはたちまち「上から目線」になって、

「えっ？　社会人になって何年にもなるのに、そんなことも知らないのか？　世間の

人はみんな知っているぞ」

などと、あきれたように言うのだという。

確かに長く生きていれば、そのぶんいろいろ知っているだろう。しかし、人をバカにするような言い方はやめてほしいものだ。いつかこのおじさんに、言葉の一撃でやり返したいと男性は考えている。

この「おじさん」は、とにかく相手に対して優位に立ちたいという強い欲望を抱いているように見える。「自己愛」だ。おじさんと自己愛とはそぐわないように思えるかもしれないが、誰にでも自己愛はある。

ただ、よく考えると、この「おじさん」は実はつらい立場なのかもしれない。というのも、「おじさん」は年を取っているが、上司というわけではなく、単なる同僚なのだから。ポジションのうえでは、若者に対して優位に立つことはできないのだ。

自分に確固たるポジションがあって、能力的にも明らかな差があり、「自分のほうが上だ」と実感できていれば、自分が上だとあえて誇示する必要はない。

中途半端な人ほど自慢したり、上から目線になったりするが、その典型と言えよう。

この「おじさん」がなぜいい年をして、役職についていないかを考えてもいい。「言っている意味わかる？」というような言い方をして、周囲の反感を買って、良好な人間関係を築けずに、この年まできたのかもしれない。勝手に敵をつくって、勝手に戦っているわけだ。

こんな面倒な人の言うことは真に受けたらダメ。〝とんちんかんな切り返し〟で煙に巻いてしまおう。

まったく別の話題にして話をそらすのだ。

たとえば、職場のいやみなおじさんでもご近所の口うるさいおばさんでも、やっかいな相手が「また、わけのわからんことを言って絡んできたな」と思ったら、

「そういえば、今日の天気は……」

「予報では雨と言ってましたけど……」

というふうに、全然関係のない話にもっていって、相手が話を続けられないようにしてしまうのだ。

その際、誘導する話題は何でもいい。適当な時事ネタとか、害のない世間話とかで

いい。

テレビのニュースで桜の開花を報じていたら、「いよいよ桜の季節ですね」と話をそらす。とにかく、**相手の自分勝手なペースをかき乱して、こちらのペースにもっていくことだ。**

そうすることで、相手が勝手に乗った〝土俵〟から、「こちらへどうぞ」と親切に手を引いて降ろしてさしあげるわけである。

この手がある！

「そういえば、今朝のニュースで……」

CASE 5

憂うつをばらまく
↓
〝構ってほしがる相手〟には、構ってやらない

「あの人がいるから会社に行くのがイヤだ」――そういう人がどの職場にもいるのではないだろうか。

たとえば、そこにいるだけで、周囲に不愉快なムードをばらまくような人。

そんな人には、どういう対処法が有効だろうか。

ある女性は、会社に行くのが憂うつらしい。

というのも、近くの席の同僚が仕事中に取引先の悪口をつぶやいたり、チッと舌打ちしたり、「あーあ」とため息をついたりするからだ。

近くにいるだけで、イヤな気持ちになり、仕事がはかどらないという。

この同僚は、1章で紹介した「悲劇のヒロイン」タイプの典型だろう。欲求不満の

塊《かたまり》のような人、「どんよりしている人」と言えるかもしれない。

常に自分が世界中で一番不幸だと思い込んでいて、被害者意識が強い。「憂うつな私」を周囲にアピールすることで関心を得ようとする、〝構ってちゃん〟なのである。

おまけに、他人の幸福が我慢できない怒り、つまり激しい羨望を抱いて、ひがみからグチをこぼす。

周囲への羨望が強いので、ほかの誰かに災難が降りかかると「他人の不幸は蜜の味」とばかりに喜々とするようなタイプで、非常に危険だ。

こういう人に対して、よくやってしまいがちな間違った対応は、

「どうしたんですか？」

「何かあったんですか？」

などと、心配して声をかけてやることだ。

すると、〝構ってちゃん〟の本領を発揮して、グチや悩みごとをどんどん吐き出し始めるだろう。そのようにして「この人は、私の話を聞いてくれる人、私に同情して

くれる人」と思われると、キリがなくなってしまう。

なぜなら、〝悲劇のヒロイン〟を演じ続けるにも、観客が必要だからだ。相手にすればするほど、こちらがその〝格好の観客〟にされてしまうということをお忘れなく。いちいちまともに受け止めていると、そのネガティブな感情に、こちらまで浸食されかねない。

だから、その人の後ろ向きの考え方を変えることはできない、と潔く割り切ろう。第一、考え方を変えてやろうとする必要なんかないのだ。何しろ「不幸な自分」でいたい人なのだから。

こんな人に何を言ってもムダ。

「構ってちゃん」には、構ってやらないことが、一番「効く」のだ。

だから、自分の心の中で、

「悲劇の主人公になりたいなら、勝手にどうぞ」

「ため息をひとつつくと、幸せがひとつ逃げるそうですよ」

とつぶやくくらいでいいのではないだろうか？
関わらないのが一番である。

この手がある！

「（心の中で）悲劇のヒロインになりたいなら、どうぞご勝手に」

CASE 6

難癖をつけられる
→「面倒くさいやつ」と思わせる

会社は競争社会。「もしかしたら、自分がポジションを失うかもしれない」と思うような厳しい局面に置かれることもある。今や、正社員でも安穏《あんのん》としてはいられないような状況だ。

だからこそ、仕事ぶりに何かと難癖をつけて、相手を蹴落とそうとする人が出てくる。

転職先での人間関係に悩んでいるという二十代のC子さん。複数の人に陰口を言われ、孤立しているようだ。

仕事でわからないことがあって同僚に聞いても、「自分で調べろ」と突き放され、残業していたら、「そんなに残業代がほしいのか」と理不尽なことを言われる始末。

どうすればいいのか、日々自問しているらしい。

会社という競争社会の中で、難癖をつけられるのは、仕事ができる証拠とも言える。この攻撃してくる同僚は、C子さんはすごく仕事ができるのを見て、自分のポジションが危うくなったらどうしようという不安を抱いている可能性が高い。そのせいでC子さんをいろいろといじめるわけだ。

C子さんを攻撃して会社を辞めさせることができれば、自分は安泰と思っているのだろう。だからこそ、いろいろ難癖をつけるし、わからないことを尋ねても、「自分で調べろ」と突き放す。

つまり、仕事ができるC子さんをうらやみつつ、同時に、C子さんを攻撃することが自分の利益にもなると信じているわけである。

こういう人には、どんなふうに対処すればいいのか。

おとなしい人や何も言い返せない人ほど、攻撃のターゲットになりやすい。なので、とにかく言い返すことが肝要だ。

ケンカになるかもしれないが、こういう人には**「売り言葉に買い言葉」**でいい。

たとえば「自分で調べろよ」と言われたら、すごすごと撤退せずに、

「わからないから、聞いているんですけど」

と言って、一回押し戻してやる。

「そんなに残業代がほしいのか」と言われたら、

「そんな理由で残業しているんじゃありません」

と、冷静に反論する。

あるいは、「女だからすぐに仕事を辞めてしまうんだろ」と言われたら、

「絶対に辞めません」

ときっぱり言い返す。

何を言われても、うつむかずに顔をあげて言葉を返すのだ。とっさにうまい言葉が浮かばない場合は、96ページで紹介した「オウム返し」作戦を使って、「残業代って、どういう意味ですか」「女だからって、どういう意味でしょうか」などと言い返してもいい。

言い返したうえで、逃げ出さずにその場に居続けることだ。何とか、がんばって居続ける。

「何を言われても私は動いたり辞めたりしないぞ」というくらいの強い態度を示すことが大事だ。

すると、しだいに「面倒くさいな」と思われて、ターゲットにされにくくなる。

そう、相手に**「面倒くさいな」と思わせることは、攻撃を退《しりぞ》けるのに非常に有効**だ。その人から好かれなくてもいいと割り切れば、「面倒くさいやつ」と思われてもいいと思える。むしろ、そう思われているほうが、ターゲットにならずにすむのである。

この手がある！

売り言葉に買い言葉で、「面倒」と思わせる

CASE 7

説教を装ったののしり

↓「一度は賛成」して、肩すかしさせる

仕事は好きだが、上司がうっとうしくてイヤという方は、結構いるのではないか。たとえば、自分ではあまり仕事をしていないくせに、部下には説教たらたらの上司。

ある男性（二十代）の上司もそんな一人らしい。その上司は、
「いい大学を出ているからって、調子に乗るなよ」
「仕事で大事なのは学歴じゃない。経験とカンだ」
などとたびたび説教するらしい。

どうもこの上司は相当な学歴コンプレックスを抱えているようだ。つまり、この若い部下が「いい大学」を出ているので、うらやましくてしょうがない。

あるいは、この上司はかつて学歴が自分より上の同僚に出世競争で先を越されるよ

うな経験をして、辛酸をなめたことがあるのかもしれない。そういう意味では、まったく関係のない部下に八つ当たりをしている「トラウマ」タイプとも考えられる。

いずれにしても、上司の〝ひとり相撲〟にすぎない。

こういう中身のない説教やののしりに対して、どう反論すればいいのか。

上司に対しては、さすがに表立っては逆らえないだろうから、ここは、「見せかけの賛同作戦」でいくのがいいだろう。

あくまで礼儀正しく「はい、おっしゃる通りですね」と同意しておいて、「それで何なのでしょうか」と丁寧に聞き返すのだ。

上司は肩すかし状態。一度同意されているだけに怒りようがないし、「それで何なのでしょうか」と真正面から問われても、根拠もなくひがんでいるだけなので、何も言い返せないはずだ。

この手がある！

「おっしゃる通りですね。それで何なのでしょうか」

CASE 8

デリカシーのない上司

→〝ユーモアのセンス〟で反撃する

女性の繊細な心を理解していない上司が、世の中にはたくさんいる。

世の中には、口にしてはいけないこともある。そのことを理解していないのだ。

三十代前半の既婚女性Hさんは、上司から「まだ子どもをつくらないの？」と質問され、憤慨《ふんがい》している。この上司は、未婚の女性には、「結婚はまだ？」と平気で聞くし、結婚していれば、「子どもはまだ？」と尋ねるらしい。

Hさんは、「女は結婚して子どもを産むべきだ」という固定観念を押しつけられているようで不愉快だ、と怒っている。

こういうデリカシーのない上司には、実は二通りのパターンがある。

ひとつは、本当に鈍感な人である場合。そして、もうひとつが、鈍感なフリをしているだけの場合。そのどちらなのかを見極めることだ。

本当に鈍感な人の場合は、これはもうどうしようもない。それこそ憐憫《れんびん》のまなざしを向けながら、**「感覚があまりにも違うと、わかりあえないですよね」**とチクリと言うしかないだろう。

もうひとつのパターン、すなわち「鈍感なフリをしている」場合、その上司の目的は、相手を混乱させることにある。

言い換えれば、その上司は悪意を抱いており、わざとデリカシーのない言葉をぶつけては、相手が恥ずかしがるのを見て喜んでいる。世の中には、そういうことに妙な快感を見出す人間もいるのだ。1章で取り上げた「サディスト」タイプの一種かもしれない。

こちらが恥ずかしがったり困ったりするのを期待して、失礼なことを言って喜んでいるような相手とは距離を置くしかない。

それでも、黙っているのが悔しくて何とか反撃したくなるかもしれない。その場合は、ユーモアのセンスが必要になる。

たとえば、「まだ子どもをつくらないの?」と聞かれたら、

「それでは、子どもを授かれるように妊活休暇をいただけますか?」

と言ってみてはどうだろう。

このとき、相手より一段上に立ったような気分でいること。まともに正面からは質問に答えずに、

「それは面白いご意見ですね。今日の日記に書いておきます」

などと言って、煙に巻いてもいいかもしれない。無礼な発言に対して、「面白いですね」と好意的な言葉で言い返せば、相手も面食らうだろう。

相手の攻撃をかわしつつ、ユーモアのセンスでやり込めるのである。

そういえば、以前、テレビ番組にゲストとして呼ばれた際、出演していたある女性タレントのユーモアのセンスに感心したことがある。

司会者が、「○○さんはなぜ結婚しないんですか? よく聞かれることないですか?」と尋ねたのだが、それに対する切り返しが秀逸だった。

「いやあ、〝袋とじの嫁〟なんかほしくないでしょう」
男性雑誌のグラビアによく登場しているこの人は実に頭がいい、と心底うなったものである。

この手がある！

「それは面白いご意見ですね」

CASE 9

延々と自慢をする上司

↓〝先回り〟して切り上げる

他人の自慢話を聞くのは、ただでさえ退屈なものだが、上司の自慢話がひどかったら出社したくなくなるかもしれない。

ある男性（三十代）の上司は異例の出世をした人で、仕事はできるが、とにかく自慢話が多い。

「俺のセールス記録は誰にも抜かれていない」

こんなことを定期的に、しかも素面《しらふ》で昼間から堂々と話すのだそうだ。

ヒマそうな部下をつかまえては自慢話を聞かせるので、「また始まったな」となると誰もかれもなるべく忙しそうにして、上司につかまりそうになると、「外回りに行ってきます」と逃げ出す人もいるのだとか。まさに、古典的なほどの「裸の王様」

タイプである。

こういう自己愛の強い人は、とてもプライドが高い。だから、扱いを間違うと、ひどいことになる。

本来なら、**「本当にすごい人は自分からアピールしないものですよ」**と言いたいところだが、本当にそんなことを言ったら、上司の怒りを買って左遷されるかもしれない。だから、実際には無理だろう。

無難なのは「ほめちぎり作戦」だ。

「すごいですね！」「そうだったんですね！」とほめちぎる。しんどいかもしれないが、とりあえずほめておけば、その上司もヘンなことはしないだろう。

しかし、ほめたらほめたで、また調子に乗って同じ武勇伝を何度も繰り返すことも予想できる。

想像しただけでゾッとするが、もしそんなことになったら、その**武勇伝の続きを先**

回りして言ってみることをお勧めする。

上司がいつものように、「俺のセールス記録は……」などと話し出したら、

「それは、歴代最高記録なんですよね」

と、すかさず先回りして言うのである。

このとき、あくまでも相手を賞賛するポーズをとりながら、

「こうですよね」

「それで、こうなったんですよね」

と〝次の展開〟を言ってしまう。

そうすることによって、表面的には従順に話を聞いているように見せながら、「はいはい、その話はもう何度も聞いていますよ」と婉曲《えんきょく》に伝えるわけだ。

こうして壮大な武勇伝をショートカットしてしまえば、こちらの貴重な時間を奪わずにすむのだから、一石二鳥。

上司がどんな反応をするか楽しみである。

いずれにしても、こんなふうに自慢ばかりする人は、いくら仕事ができて地位や肩書きはあっても、人間的には大したことはないのである。

この手がある！

「（先回りして）それは、〇〇なんですよね」

CASE 10 説教大好き上司

→「ターゲットを間違えてませんか?」

こちらのことを思っての説教は、心して聞かなければならないもの。しかし、世の中には、説教を攻撃の手段として用いる人たちもいることをお忘れなく。

理不尽としか思えない説教に、ただじっと耐えている人も少なくない。

ある男性(二十代)の上司は、会話の内容がほとんど説教という極端な人物だ。

たとえば、「最近暑くなってきたなあ」と上司が言ったので、男性が「本当に暑くなりましたね」と答えたところ、「これくらいで暑いなんて言っていたら、本格的に夏になったらへこたれてしまうぞ」と説教されたという。いったい何なんだと思ったとか。

そのほかにも、トイレの使い方が汚いとか、プリンターの紙がすぐになくなるとかいったことで、何やかやと説教する。言われたほうは自分ではどうにも対処できないことも多く、ときには八つ当たりされているとしか思えないらしい。

こんな理不尽な上司の下で働く男性には同情を禁じえないが、この上司を分析すると、1章で紹介した「置き換え」タイプということになるだろう。

「置き換え」タイプの人は、本来ストレスを発散すべきところで発散できないので、別のところにターゲットを見つけて吐き出すのである。

この上司も、大きな欲求不満を抱えている可能性が高い。欲求不満のはけ口がなく、ストレス発散のために説教をしているとしか思えない。

どういうところに、この上司はストレスを感じているのだろうか? おそらく、中間管理職の立場で、もっと上の上司との間に葛藤や軋轢《あつれき》があるのだろう。

それでも、上の人に直接ストレスを吐き出すわけにはいかない。

だから、吐き出しやすい相手を見つけて、その人に「置き換え」て、ストレスを発散しているのである。

一方、家庭ではどうだろうか。「稼ぎが少ない」「子どものことをもっと考えて」などと奥さんから責められているのではないか。

だから、会社と同様に、家庭でも孤独なのである。


こんな〝説教おじさん〟には、どのように対処したらいいだろう。

やはり大切なのは、**「自分はターゲットにはなりませんよ」ということを、日頃からはっきり示しておく**ことだろう。

もし、他人のミスについてまで説教されることがあれば、黙って聞かずに、**「それは私の責任ではありません。ほかの人のミスです」**と言ったほうがいい。それでも、さらに怒られたら、

「そういうことは理不尽です」

「私に言われても困ります」

ときっぱりと主張すべきだ。

向こうが他人のミスまでこちらのせいにして責めるのは、たとえばミスをした張本人が得意先の関係者で、本当は本人に言いたくても言えないからかもしれない。それ

なりの事情が隠されている可能性もお忘れなく。

「置き換え」タイプには、一番攻撃しやすい相手に矛先を向けるという特徴がある。最近、駅員が通勤客に暴力を振るわれたり、店員が買い物客に土下座させられたりという事件をよく耳にするが、こういうことをする人たちは一番攻撃しやすいところを狙っているわけだ。

この上司にしても、「こいつは絶対に反撃してこない」と思っているからこそ攻撃するのである。そうさせないためには、自分だって反撃できるんだ、というところを見せたほうがいい。

こういう相手に対しては勇気を振り絞って、一度ガツンと言ってみるべきだ。

この手がある！

「私にそう言われても困ります」

CASE 11

すぐに感情的になる上司

→この〝一言〟で、勢いをそぐ

こちらが何か少し反論めいたことを言っただけで、自分が否定されたように感じたのか、異様に突っかかってくるような人に遭遇したことはないだろうか。

ある四十代の女性上司も、そういうタイプだ。

その上司は会議の席で、自分と少しでも違う意見が出ると、猛烈に反論するのだという。ヒステリックに興奮して、口の端に泡までためながら。

別にその上司の意見を否定しているわけではないのに、彼女があまりにも必死に反論するので、ほかの人が意見を言える雰囲気ではなく、困っているという。

こういう上司が、自分自身が否定されたように感じて過剰反応し、攻撃的になるのはどうしてなのか。

自信がないからである。さらには、余裕もない。

周囲から自分がリスペクトされていると感じていれば、自分と少し意見が違うからといって、そこまで反論することはないだろう。まさに「王様」タイプだ。

この女性上司は自信がないので、ちょっと自分とは違う意見を言われると、能力や人格まで否定されたように感じて、つい過剰反応してしまう。興奮が次の興奮を呼んで、まくし立ててしまうわけだ。

こうした状況では、相手に自信や余裕がないのが伝わっていることを、ほのめかすのがいいかもしれない。

たとえば、**「ずいぶん興奮していらっしゃいますね」**と言うのもひとつの手だ。あるいは、**「落ち着いてください。すごい顔になっていますよ」**。

ちょっと鏡をごらんになってください、と差し出すようなイメージだ。向こうが興奮しているからこそ、こちらが冷静を保って発言することが必要になる。クールダウンに持ち込むのである。

この女性上司の場合、自分に自信がなく「否定された」と感じるから猛反撃する、というほかに、別の理由も考えられるかもしれない。

それは利得だ。自分以外の人が意見を言いにくくすれば、それだけ自分の意見が通りやすくなる。最終的に、ほかの人の案を封じ込める。それが目的かもしれない。

そうだとすると、その利得を与えないためには、雰囲気に呑まれてしまうのではなく、はっきりと自分の意見を言うべきだろう。

会議で声の大きな人の意見ばかりが通ると、組織は必ずヘンなことになる。アイデアの内容ではなく、主張の激しさで結論が左右される——そんな状態にさせないためにも、こちらの意見をきちんと言うべきだ。

もし、相手が早口でまくし立てるようなら、

「今、ちょっと早口でおっしゃったので、もう一度ゆっくり言っていただけませんか」

と切り返すのも一案かもしれない。こんなふうに言われたら、相手もふっと気が抜けて我に返るのではないだろうか。

早口で話している人は、その自覚がない場合が多い。相手に理解してもらおうという配慮がないからこそ、マシンガントークになる。
余裕がない、自信がないことの裏返しでもある。相手を落ちつかせるためにも、こういう言い方を知っておくと役に立つだろう。

この手がある！

「もう一度、ゆっくり言っていただけますか」

CASE 12 パワハラ上司

↓〝ブーメラン返し〟を狙う

犯罪まがいの「パワハラ（パワーハラスメント）」。ひどい場合は裁判にまで発展することもあり、受けた側の心をむしばむ。

私の外来を受診している二十代の男性の話だ。彼はある日、上司に呼ばれた。

「頼んでおいた書類、できた？」

「えっ、あれは明日の午前中ではなかったでしょうか」

すると上司は一瞬真顔で黙り込んだかと思うと、突然、大声を出した。

「今日だよ、今日！　お前、ちゃんと人の話を聞いてたのか？」

オフィスには十数人の社員がいたが、その後、延々とその人たちの面前で怒鳴られたという。

1章のタイプ分けに従えば、この上司は「王様」タイプと考えられる。

私の外来を受診した男性の言っていることが本当であれば、上司のほうが間違っている可能性が高い。上司が間違って伝えたか、あるいは認識違いがあったか、いずれかだろう。

それでも、この上司は自分のミスを絶対に認めたくない。認めたくないから、激しく部下を責める。

自分の失敗や間違いを否認して他人のせいにしたいわけで、自己正当化の欲望が非常に強いのである。

業績が落ちたとか、仕事のミスがあったという場合に上司が部下を激しく責めるのはよくあることだ。自分の判断ミスや失敗を認めず、部下のせいにする。他人を責めることによって、「自分は悪くない」と主張したいわけだ。

しかも、わざわざほかの社員の前で厳しく叱責する。

これは、「自分は悪くないのだ。悪いのはこの部下だ」というメッセージを周囲に送って、そういう印象を植えつけるためである。

上司はまさに言いたい放題だが、このままやられっぱなしになっていると、またやられてしまう可能性がある。いや、可能性があるというより、必ずそうなると言ったほうがいい。だったらどうするか。

他人を責めると、それがブーメランのように自分に返ってくるということを思い知らせなければならない。

「自分はやられっぱなしではないんだ、反撃できるんだ」ということをこの上司に示す必要がある。

あまりひどい場合は**「社長に直訴します」**とか**「労働基準監督署に訴えます」**と、もっと上のレベルの組織なり、個人を持ち出すのがいいだろう。

他人を攻撃するのを喜びとするサディストが世の中にはいるが、そんな人が上司だったらたまったものではない。

私が会った三十代の男性もそういう悩みを抱えていた。

その上司は、やはり先に紹介した事例のように人前で大声で怒鳴るし、机を叩いて男性を脅すようなこともするらしい。

「なんべん言ったらわかるんだよ！」

こんなふうに大声で男性を叱責する。

また、同じようなミスをしてもこの男性だけをほかの人より厳しく叱る。彼が仕事をサボっているように言いふらすこともあるそうだ。


「根性曲がりにつける薬はない」と言われるように、こういう性格の人を治すのは難しい。

サディスティックな人は、ほかの人が困ったり、すごく落ち込んだりするのを見て残酷な喜びを感じるので、それを肝に銘じて関わらないようにするのがベストである。

だが、上司だったら、関わらないわけにはいかない。


そういう場合、どうすべきか。

サディストの攻撃のターゲットにされないためには、「反撃もしますよ」ということを見せつけるほうがいい。たとえば、**「あなたの言動を記録しているけれど、いい**

ですか」と言って相手に不安を与えてはどうだろうか。

あるいは、「今度、社内に監視カメラがつくみたいですよ」と言ってみる。ウソでもそういうことを言ってみるのもひとつの手だ。

とにかく、やられっぱなしではすまさないことを、あの手この手で伝えることが大事である。

この手がある！

「これ以上は耐えられないので、社長にお話ししてきます」

5章

友人・グループづきあいで

〝やっかいなあの人〟を、巧みに遠ざける法

私生活での〝面倒なつきあい〟に

私たちは、さまざまなコミュニティの中で日常生活を送っている。親しい友人関係もあれば、親戚、ご近所、ママ友づきあいなど、必ずしも自分から望んだわけではないのに「加わらざるをえない」ものもある。

一般的に友人同士とは、〝対等〟な関係だ。

だからこそ、遠慮なしに無神経な発言をされることも多い。友人同士だからこそ、感情的になり、発言に配慮できなかったということもあるかもしれない。

距離が近いからこそ、何かにつけて比較の対象にされるし、羨望やひがみなどのドロドロした感情も生まれやすい。

また、親戚、ご近所、ママ友といった関係だと、〝面倒なのに避けられない〟つきあいをせざるをえない。こういう集団の中には、変わった人物や自己主張の激しい人物が、必ず存在する。そして、あちらを立てればこちらが立たない――といった面倒なパワーバランスも生じてくる。

しかし、「親《しん》しき仲にも礼儀あり」。

誰かが我慢を強いられすぎる関係は保たない。その後も、相手とのつきあいを続けたいのであれば、少しの〝攻撃〟は見逃すことが必要な場合もあるが、見逃せないほどであれば、それきりつきあいをやめるというのも、現実的な対処法だ。

そんな〝やっかいな相手〟から攻撃を受けたときにはどうすればいいのか。具体例を通して、その方法を見ていこう。

CASE 13

陰口

↓「こちらは気づいているんだぞ」とアピールする

日頃、親しくしている仲間たちが、自分がいないところでは陰口を言っていたと知ったときの衝撃は大きい。

ひどく落ち込んでしまいそうだが、こんなときにはどう対処すればいいのだろうか。

ある四十代の女性は、職場の同僚が自分の陰口を言っているのを、偶然聞いてしまった。

仕事についてではなく、「話し方がヘンだ、変わっている」という内容で、その場で物まねまでされていたらしい。

陰口を言われていたのはショックだったし、毎日顔を合わせる人なので、今後どういうふうに接すればいいのか、困っているようだ。

陰口には、自己愛・羨望・利得の三つがからんでいる場合が多い。

自己愛は、陰口を言うことで相手をおとしめて、自分のほうが上だと感じていたいという気持ち。

羨望は相手をうらやましく思う気持ちで、成功しているとか、目立っているとか、女性の場合であればキレイというような長所を持っている人が陰口の対象になりやすい。

利得は、相手のことを悪く言って出世コースから外せば、自分のほうが昇進できるのではないかと期待しているような場合だ。

こんな心理から陰口を言う人たちに対抗する手段としては、「こちらは気づいているんだぞ」とアピールする方法がある。たとえば、

「あなたが私の陰口を言っているとかいう、嘘が流れているみたい」

と本人に言ってみてはどうだろうか。

ここで、「嘘が流れているみたい」と言うのが大事。つまり、「まさか、あなたはそんなことを言わないだろうけど」というニュアンスを伝えるのである。

本当に言いたいのは、もちろん「あなたの陰口は耳に入っているぞ」「こちらは気づいているんだぞ」ということだ。

こんなことを言われたら、向こうはドキッとするだろう。そして、もう陰口を言わなくなるのではないか。

陰口を言いあう「ムラ」に一度入ってしまったら、抜けられないと思っている方もいるかもしれない。その「ムラ」から抜けると、今度はこちらが白い目で見られたり陰口を言われたりするのではないかと。

しかし、向こうも実は、こちらが抜けられないと思っていることを見越して、こちらを取り込もう、抜けさせまいとしているのである。

「いじめの四層構造理論」という考え方がある。社会学者の森田洋司さんの理論だが、それによると、いじめというのは加害者と被害者の二者関係だけで起こるのではなく、そのほかに、「傍観者＝見て見ぬフリをしている人」と、「観衆＝はやし立てて面白がって見ている人」がいるという理論だ。

この「傍観者」の割合が増えれば増えるほど、いじめは起こりやすくなる。だから、陰口を言うことによって被害者を追い詰めようとする人は、「傍観者」を増やそうとする。

自分が陰口を言われているわけではなくても、意識しないまま傍観者になっている場合もあるので、気をつけたいものである。

この手がある！

「あなたが私を悪く言っているって、まさかそんなことあるわけないわよね。本当にイヤね」

CASE 14

悪口を聞かされる

→この〝切り上げる〟技術が効果的

人の悪口は、聞くだけでも気分が悪いもの。自分ではなるべく言わないようにしていても、耳に入ってくるだけで不愉快な気分に。

しかし、あからさまに耳をふさぐわけにもいかない。ましてや、悪口について同意を求められたりしたら、面倒なことこのうえない。

D子さん（三十代）のママ友は、そんな悪口が大好き。会えばいつも誰かの悪口を言っている。しかも近所に住んでいるため、子どもの送り迎えの道が同じ。その道を歩きながら、悪口を聞かされるのだとか。

最初は話に乗らないようにしていたが、ある日、「ねえ、あの人のことどう思う？」と尋ねられ、「別にどうとも思ってないけど」と答えたことがあった。すると、その答えのせいで嫌われたのか、後日、彼女がほかのママ友たちにD子さんの悪口を言っていたと、人づてに聞いたという。

この事例のように、誰かに会うたびに悪口を言っているような人は、羨望がとても強い。羨望とは、他人の幸福が我慢できない怒りであり、羨望の強い人は幸せそうな人を見ると我慢できずに、その人の悪口を言ってしまう。

この羨望があるからこそ、ちょっとでも目立つ人やキレイな人、旦那の稼ぎがいい人を見ると悪口や陰口を言わずにはいられないのである。

こういう人への対処法は難しい。というのも、悪口に同調すれば、「あの人があなたのこと、こんなふうに言っていたよ」と言いふらされるし、同調しなかったらしなかったで、このD子さんのようになってしまうからだ。

どうやってもダメなのだから、結局関わらないのが一番ということになる。

こういうふうに悪口を言う人は、悪口を聞いてくれる人を探しているものだ。

だから、おとなしく聞いている人ほどターゲットになりやすい。

あるマンションに幼稚園のスクールバスが迎えに来て、子どもたちが園に行った。そこでママ友につかまっておしゃべりにつきあっていたら、そのうちに幼稚園が終わって子どもたちが帰ってきたという話さえある。何時間も立ったままおしゃべりしていたということだ。ムダ話ほどキリがないのである。

大切なのは、さっさと切り上げること。相手にしないこと。たとえば、

「もうすぐ生協が来る」

など、それなりの理由をつけてその場を離れればいい。携帯を持っているなら、

「あら、さっき着信があったみたい。姑からだ。いけない、ちょっと失礼しますね」

とか何とか、適当な口実で逃げる。

こうしていつも早々と切り上げるようになったら、「忙しい人ね」とでも思われるだろうが、思わせておけばいい。「あの人は話を聞いてくれない」となると、〝悪口聞かせ〟のターゲットを、ほかのところに探し始めるだろう。

先ほど紹介したD子さんのように、面と向かって悪口への〝同意〟を求められたときは、

「そう？　そんなことより、お宅の○○くん、また背が伸びたみたいじゃない。やっぱり男の子はいいわね～」

という具合に、ママにとって一番の関心事である、子どもの話題にもっていくと自然だろう。このとき、相手の子どもを何かしらの理由をつけてほめてあげるといい。そうすれば相手も不審に思わず、ノリノリで話に乗ってくるはずだ。

悪口を退けるには、相手にとって〝より関心の高い別の話題〟に誘導するよりほかにないのである。

そして、その〝話題〟として最適なのが、「相手が最もほめられたいと思っているところ」をほめてやることだ。

ほめたくない相手をほめるのは気が進まないかもしれないが、そうすればまず敵意を抱かれることはない。不毛な悪口に同意するより、精神的にもずっと平和なのではないだろうか。

この手がある！

「そんなことより、あなたのその服、素敵ね」

CASE 15 ひどい侮辱

→明るく〝はね返す〟と立つ瀬がなくなる

自分が侮辱されるのは我慢できても、自分の子どもや夫、恋人など、自分の大切な人が侮辱されるのは、絶対に我慢できないものだ。

三十代のE子さんもそんな体験をして、納得がいかないと話す。

E子さんがある日、夫と二人で外出したところ、近所の顔見知りの奥さんと出会った。そのときはあいさつをしただけだったが、数日後、その奥さんと会った際、こんなことを言われた。

「あなたのご主人、想像していたのと全然違って驚いたわ。それに、長髪って今時どうなの。本当にビックリしちゃった」

その奥さんは銀行マンのような男性を想像していたというのだが、E子さんの夫は自由業で長髪。他人の夫を勝手に想像しておいて、ビックリだの何だの言うなんてひどい、とE子さんは納得がいかないようだ。

そんなときはまず、なぜ近所の奥さんはこんなことを言ったのか、その理由を考えてみよう。

ひとつの可能性として、こんなことが考えられないだろうか。

この奥さんは、E子さんの旦那さんについてあれこれ勝手に想像していたが、実際に会ってみると、思っていたよりカッコよかった。そのため、うらやましく思う気持ち、つまり羨望を抱いた。

だが、それを正直に表現することができなかった。自分の夫の〝負け〟を認めることになるからだ。だからこそ、旦那さんのルックスを非難するようなことを言ったのではないか。

こういう場合、どんなふうに言えば、相手に反撃できるだろうか。

うらやましがられているわけだから、心でひそかに笑っているだけでもいいが、大切な夫を悪く言われたのだから、しっかりと言い返しておきたい。

ここは〝まぶしい笑顔〟作戦で行こう。つまり、相手の攻撃をものともしないぐらい、幸福で輝いている自分を見せつけてやるのだ。たとえば、

「ねえ今度、みんなでバーベキューやりましょうよ。うちの主人が準備してくれるから。旦那さんも連れてきてね」

こんなふうに、明るく笑顔で誘ってみてはどうだろうか。

この前の侮辱なんて少しも応えてないわよ、私にとっては最高の主人なのよ、と態度で示すのだ。

あなたが実際どう思っているかは知らないけれど、そんなのは私には関係ないこと。どう、まぶしいでしょう、という感じで。

「幸福こそ最大の復讐である」という言葉があるが、まさに真実だ。

わけのわからない侮辱や暴言をはね返すには、幸せに輝いている自分の姿を見せるのが一番。

「あなたがいくら攻撃しても何のダメージも受けなかったし、そんなの気にもしないほど幸せだから、もう忘れたわ」という姿勢を見せるのだ。

こんな切り返しができたら、カッコいいと思いませんか。

この手がある！

「あなたの旦那様は、どんな方なの？　今度紹介してね」

CASE 16

仕切る人

→「ほめちぎり」作戦で、恥じ入らせる

何でも仕切るのが好きな人は、「使い方」によってはとても便利だ。たとえば、地域でやる夏のキャンプ、冬になれば鍋奉行……。仕切っていただけると楽な場合もある。

しかし、自分のやり方を通さなければ気がすまない〝仕切り屋〟は迷惑このうえない。

ある四十代の女性は地域のボランティア活動をしているが、妙に仕切るのが好きな人がいて、困っているという。

テキパキと物事を進めるので、まわりは助かるのだが、その一方で、自分の考えが百パーセント正しいと思っているらしく、他人の意見を聞かない。

その人にもし反対でもしようものなら、「この地域では暮らしていけない」というような雰囲気を醸《かも》し出すらしい。

「これからずっと、その人の意見に逆らわずにやっていくしかないのかと思うと、なんだか憂うつになる」と、その女性は訴えた。

世の中には、プライドが高すぎる人物がいる。こういう人たちは、私の観察では次の三つのタイプに分けられる。

称賛されたくて自慢ばかりする「自慢・称賛型」。

自分は特別なのだからどこでも特別扱いをされてしかるべきだと考える「特権意識型」。

他人を操作して自分の思い通りに支配しないと気がすまない「操作・支配型」。

先ほど紹介したボランティア活動で問題になっている女性は、三つ目の「操作・支配型」だろう。

他人を操作して自分の思い通りに支配しないと気がすまない人は、もちろん、自己愛が強い。物事を仕切るのが好きな人はだいたいそうだ。

重要なのは、そういう人が、実は他人を支配していないと不安になることだ。自分の立ち位置が脅かされるのではないかという恐怖や、何らかのコンプレックスを抱いている場合も少なくない。

そのあたりを突いていく作戦はどうだろうか。

こういう人は、自分が認められているとか、リスペクトされていると安心していたら、あえて他人を支配しようとしないはずだ。よほど権力欲の強い政治家は別にしての話だが……。

そこで、たとえば、**「○○さんには、とてもかないません」**と言っておいたらどうだろう。いわゆる、ほめ殺し作戦である。

「本当に素晴らしいご意見ですね」

「さすがですね」

「参りました」

こんなふうに、太鼓持ちになりきって、過剰にほめる。

ここでは、過剰に、というところが大事。過剰にほめることで揶揄《やゆ》するのである。

つまり、からかうのである。これだけでスッキリするものだ。

また、この人のように、その人の意見に反対すると、「ここでは生きてはいけないぞ」と脅す人がいる。

あるいは、「会社を辞めたい」と言ったら、「お前、ここを辞めたら、ほかのところでも勤められないようにしてやるぞ」と威嚇《いかく》するような人がいるが、それを真に受ける必要なんかない。

恐怖を与えることによって、相手が身動きが取れないようにしているだけなのだから、真に受けずに、スルーすべきである。

この手がある！

「○○さんのお考えは、いつも素晴らしいですね」

CASE 17

しつこい相手→ぴしゃりと〝シャットアウト〟するには

「私が正しい」「俺の考えこそが正論」……。こんなふうに自分の「正しさ」を押し売りするような人がいる。正しいか、正しくないかはさておき、それを周囲が受け入れるまで〝ゴリ押し〟するのはいかがなものか。

こんなしつこすぎる相手に反撃するにはどうすればいいのか。

近所に、ゴミ出しにうるさいおばさんが住んでいるというFさん。

誰かに頼まれたわけでもないのに、毎日そのエリアのゴミ出しを監視し、ルール違反が目に留まろうものなら、鬼の首でも取ったようにクレームをつける。

しかも、他人の家のゴミ袋を勝手に開けてチェック。違反があればゴミ袋を持って家にやって来て、注意するのだという。

Fさんは、仕事で朝早く出かけなければならないのに、玄関でそのおばさんから延々と説教をくらって、会社に遅刻してしまった。

「ペットボトルのキャップは、一緒に出したらダメよ」「紙類は古紙回収に出さないと」などと、いちいち細かく「教示」してくれる。挙げ句の果てに「こんなことをするなんて常識がない」「これだから共働きの夫婦は」などと、ひどいことを言うそうだ。

「ルールを守っていなかったのは確かに悪かったとは思いますが、あそこまで言われるなんて……」とFさんは怒り心頭だった。

実は私自身もゴミ出しで注意されたことがあり、事情はよくわかる。

こういうおばちゃんは前項で挙げた「操作・支配型」。他人を支配することによって、自分自身の存在を確認しようとする典型だ。

でも、実は、こういうおばちゃんたちは孤独なのだ。

誰にも相手にしてもらえないし、やるべきこともない。日々の生活の中で、自分の優位性や存在価値を感じることができない。だからこそ、ゴミ出しのような手の届く小さなところで他人を自分に従わせ、支配することによって、自分の存在を実感しようとするのである。

なので、基本的には、「お気の毒に」とあわれみのまなざしを向けるのがいいのだが、こちらが迷惑をこうむると、そういうわけにもいかない。

ここは、**「閉店ガラガラ作戦」**しかない。

もう店じまいですよ、とばかりにピシャリとシャットアウトしてしまう。つまり、さっさと切り上げるのである。相手が延々としゃべり続けて、あまりにもしつこい場合は、

「次からは気をつけます。もう行ってもよろしいでしょうか」

と言う。こちらの家に来てしまっている場合は、

「用件はおうかがいしましたから、どうぞもうお引き取りください」

と突っぱねる。

まともにその人の言い分を聞いていると、「こいつは相手になってくれるぞ」と思

われ、ターゲットにされてしまう。それはまずい。
問答無用でさっさと切り上げること、これしかないだろう。

この手がある！

「もう行ってもよろしいでしょうか」

CASE 18

人前で恥をかかされる→まわりを巻き込めば形勢は逆転

悪意があってもなくても、大勢の前で自分の「知られたくないこと」をバラされたり、無礼なことを言われたりするのは、耐えがたいものである。

ある会社に勤めているG子さんの話。

同僚に年下の女性がいて、彼女が普段は穏やかでおとなしそうなのに、ときおりG子さんに人前で恥をかかせるような発言をするのだという。

たとえば、一緒に社員食堂でランチを食べていると、

「G子さんって、結構大食いですね。私はもうお腹いっぱいですよ」

というふうに。また、ある男性社員の年齢の話になったとき、何の関係もないのに、

「ところで、G子さんは何歳でしたっけ?」

と話をふって、わざわざG子さんの年齢を言わせようとしたのだとか。

相手に恥をかかせることによって、自分のほうが優位に立とうとする。

こういう言動は、「自己愛」のなせるわざだ。「私のほうが少食で女の子らしい」「私のほうが若くて魅力的」と誇示して、喜んでいるのである。

こんな相手には〝大人の対応〟ですませて、悠然とほほ笑んで煙に巻くという方法もあるが、やはり正面からピシャリと反撃すべきだろう。

自分の感情を押し殺してはいけないからだ。

プライドの高い人ほど、自分自身の負の感情を否定しようとする。自分自身に怒りや敵意、悔しさや不満があることを認めようとしない。しかし、それはよくない。

素直に自分の感情を認めて、小出しにしたほうがいい。

泣きたいときもあれば、悲しいときもある。そういう感情をできるだけ、その場その場で外に出したほうがいい。感情を内にため込むと、心を病んでしまうこともあるのだ。

こういう人には、どのように対処すべきか。

向こうが「大勢の前で」という状況を利用しているようなので、こちらも、

「失礼ですねー」

とまわりに聞こえるように言ってしまう。

これで、一気に形勢逆転できるだろう。**「私も含め、みんながあなたのことを失礼だと思っていますよ」というニュアンスを伝える**のである。

ここで、

「……あなたって、失礼ですね」

と、小さな声でぼそっと相手だけに聞こえるように言うと、角が立つ。

だが、

「失礼ですね！」

「えっ？　今なんて言ったの⁉」

と、相手にだけでなく、まわりにも向かって言うようにすると、同じ言葉でも印象

が違う。

このとき、無礼な言葉をぶつけられ本当に驚いた、という調子で言うこと。

みんなに投げてしまえば、妙に陰湿なムードにもならない。これなら、少し勇気を出せばできるのではないか。


この手がある！

「（周囲に聞こえるように）失礼ですね！」

CASE 19 マウンティング

→〝序列づけ〟から降りていることを示す

何かにつけて「私のほうがあなたより上よ」と、アピールする「マウンティング女子」。気にしなければいいと思いつつ、やはりカチンとくるもの。

「私ね、胸が大きくて、入る服が見つからなくて困ってるんだ。その点いいよね、○○ちゃんはスリムで。どんな服でも着られるから」

「本当、○○ちゃんってメイク上手だよね。わたしは下手だからたいていスッピン。でも、彼はこれのほうがいいって言ってくれる」

ある女性の女友だちは、会うたびにこんなことを言って、「マウンティング」してくるのだそうだ。

もちろん、これは一見相手をほめているように見せかけて、

「私のほうがグラマラスな体型よ」

「私は、そんなにお化粧しなくても見られる顔なのよ」

と暗に自慢しているのである。

こういうことを言う人は、まさに自己愛の塊だ。「私のほうがあなたより上よ」と、何かにつけてさりげなくアピールせずにはいられない。

「自慢だ」と思われずに自慢したい。そういう心理を隠し切れないのだ。

自慢といえば、ラ・ロシュフコーが、

「人はふつうほめられるためにしかほめない」

と言っている。つまり、他人をほめるのは、自分もほめてほしいという願望をひそかに抱いているからにほかならない。


こうしたマウンティングへの対処は、**「序列づけから離脱する」**ことにつきる。

そもそも、そんなむなしい序列争いに、入っていく必要などないのでは。相手より優位に立とうとしない、勝とうとしないことが、最も賢明な対応だ。

目の前に「ほめてほしい」という顔をした相手がいるなら、ほめてやればいい。

「スリムでうらやましい」と言われたなら、

「○○ちゃんこそ、グラマーでうらやましい。絶対、○○ちゃんのほうがモテるよね」

こんなふうにうまく持ち上げてあげれば、角も立たない。

「ほめられたい」と顔に書いているような相手に対して、スルーしてはいけない。そんなことをされると、相手はムカつくだけ。「気がつかない鈍感な人ね」と思われてしまう。お望み通りほめてさしあげ、こちらは序列争いから降りてしまおう。


また、こんな「マウンティング」の例もある。

同窓会で久しぶりに会った友人から、余計なことを言われてムカッときたという二十代の女性がいた。

「太ったわね！　彼とうまくいっていないからヤケ食い？」

「ダイエットしなくちゃ彼から嫌われちゃうよ！」

などと言われたらしい。

こうした目にあまるマウンティングに対しては、ほめるのではなく、むしろ**思いっきり〝幸せアピール〟**するほうがいいかもしれない。

「太ったんじゃない?」と言われたら、

「うん、そうなの。彼氏とうまくいっていて、幸せ太りだよ」とか。

「ダイエットしなくちゃ彼から嫌われちゃうよ!」と言われたら、

「大丈夫! 彼は私のこと大好きなの」と。

くだらない序列を気にして生きていらっしゃるのかもしれないけれど、私はそんな序列の外で、私だけの幸せをつかんでいるのよ——と暗に伝えて打ちのめすのである。

もう私は十分すぎるほど幸せだから、相手の設定してきた序列づけになんか、加わる必要がないのよ、というわけだ。

これで、向こうはハンカチを噛みしめて悔しがることだろう。

この手がある!

「私は幸せ太りしちゃったよ」

CASE 20 グチを聞かされる

→自分が話したいことを話す

誰しもグチをこぼしたいときはある。しかし、それを延々と聞かされるほうは、たまらない。だが、そこで人間関係を切り捨てるというわけにもいかない。

遠くに住んでいる幼なじみが、旦那さんについてのグチを毎日のようにメールで送ってきて困る、という女性がいる。

そのメールの内容は、「夫がギャンブルが好きで貯金ができない」「会社を辞めたい、辞めたいと言っている」「もういつ別れようかと考えている」などなど。

女性はいつも同情するような返事を出しているが、あまりにもしつこいので、心の中では「いい加減にしてほしい」と思っているのだという。

それにしても、なぜそんなにグチをこぼすのだろう。実はこれは「置き換え」である。本当はこの幼なじみは、夫にいろいろ言いたいのだ。

「貯金ができないから、ギャンブルはやめてちょうだい」

「会社を辞めないで、がんばって働いて」

こんなことを夫に言いたいのだけれど、言えないから、幼なじみに「置き換え」てグチをこぼすしかない。どうして、夫本人に直接言えないのか。

もしかしたら、夫に直接グチを言うと、暴力を振るわれるのかもしれない。酒を飲んで憂さを晴らすような男かもしれない。もしくは一度言ってみて、ひどいケンカになったことがあるのかもしれない。だから言えない。

それでも、不満は日々、胸の内にたまっていく。発散させないと出口がない。そこで、誰かに言うことでうっぷん晴らしをしているのだ。

このようにグチというものはすべて、本人が怒りや恨みなどのイヤな感情を抱いている相手に、面と向かって言えないからこそ、話を聞いてくれるほかの誰かに八つ当たりして吐き出している状態なのである。

もっとも、グチというのは聞かされるほうまで気が滅入ってくるもの。聞かずにすませるにはどうすればいいか。ターゲットにならないことだ。

グチをこぼす人は、誰でもいいから、とにかく聞いてほしいのだ。つまり、ターゲットは誰でもいい。「そんなグチ、私あてのメールに書いてよこさずに、スーパーのチラシの裏にでも書いときなよ」とでも言いたいところだが、まずは取り合わないこと。矛先が自分に向かないようにすることだ。

取り合わずにいれば、そのうち、ほかにターゲットを見つけるだろう。

具体的にはどうすればいいのか？

メールを返さないのもおかしいから、たとえば、

「あのドラマ、面白かったね～」

「うちの近所におしゃれなカフェができたんだ」

「昨日、犬をトリミングに連れていったんだ。可愛くなったから写真送るね」

など、夫に関するグチについては触れずに、全然関係ないことを返信する。

自分が言いたいことを言う。向こうの話には取り合わない。

このとき、できれば明るい話題がいい。暗く深刻なことばかり一日中考えて悲観的になっている友人に、世の中そんなに悪いことばかりではないと、思い出させてあげ

よう。その不幸の〝色眼鏡〟を外してあげるようなつもりで。

これはメールに限らず、会話の場合でも同様。

向こうが一方的にグチばかり言い続けるようなら、「そうなんだ」「そっか」というふうに相づちを打ってから、**「そういえば」**と続けて、自分の話したいことを話す。

それでも、しつこく相手がグチのほうに話題を戻してくるかもしれないが、そのたびに、こちらも自分の言いたいことに話を戻す。

それを何度も繰り返せば、相手もさすがに「これは、私のグチをいやがってるな」と気づくかもしれない。

こんなふうに、面と向かって「やめてほしい」「もう聞きたくない」などと言わずに、**「相手に気づかせる」ようにする**のが、関係にヒビを入れない賢いやり方だ。

この手がある！

「（グチは無視して）あの話題になってる映画、観た？」

CASE 21

すぐに被害者ぶる

↓〝加害者扱い〟だけはされないように

悪意があって口にしたことではないのに、ヘンに解釈されて、こちらがひどいことを言ったかのような態度をとられる。そんな〝被害者ぶりっ子〟にうんざりした経験はないだろうか。

Y子さんは、高校時代の友人が二十二歳で結婚することが決まったというので、仲間同士で集まって、お祝いの食事をしていた。

その最中に、結婚する友人に、

「まだ若いのに、どうして結婚を決意したの？」

と尋ねたところ、何が気にさわったのか、その友人は彼女の問いかけで急に表情をこわばらせ、

「何歳で結婚しようと、私の勝手でしょ！」

とピシャリと反論したという。それまで盛り上がっていて楽しかった食事会に、何とも言えない気まずい空気が流れた。

もともと、Y子さんには友人の結婚を否定する気はなく、ただ何となく質問しただけだったのに、悪意があるように受け取られてしまったのだ。

このように、ちょっとしたことで〝被害者〟ぶる人はいるものだ。友人が過剰に反応したために、Y子さんは加害者扱いを受けてしまった。

しかし、これはY子さんにも、少し問題がある可能性もある。もしかしたら、結婚が決まった友人に対して羨望を抱いているのが、態度などから相手に自然と伝わっていたのかもしれない。

もちろん「悪意を持って相手を攻撃したつもりはまったくなかった」としても、こちらの真意はなかなか伝わらないものと、初めから観念しなければならないのかもしれない。

人と人とのつきあいの中では、こうした「わかりあえなさ」には、いろんな場面で遭遇する。

こんなとき、もし相手に向かって何かを言うとしたら、

「そんなつもりで言ったわけじゃないんだ。でも、わかりあえないときってあるよね」

とマイルドに言ってみるというのはどうだろう。

こちらに悪意はなかった、ということだけはきちんと伝えておかなければ、いつまでも相手に被害者を演じられてしまう。

「あなたがなぜ、私の発言に対して、そんなに反応したのかはわからないけれど、こちらは最初から武器なんて何も持っていませんよ」と明らかにしておけばいい。

その上で、

「わかりあえないときもあるよね」

と言えば、相手も「こちらにも悪い面があったのかもしれない」と言動を振り返ってくれる可能性もある。

この場合のように、どっちもどっちというケースはたくさんある。黒か白か、ではない。グレーで濃淡《のうたん》があるような場合のほうがずっと多い。

どちらが善か悪かわからない、そういうことが世の中には少なくないのだということをあらためて考えてみるべきかもしれない。

この手がある！

「そんなつもりじゃなかったんだ」

CASE 22

友情を装った攻撃

→同じ攻撃を二度とさせない〝最後通牒〟を

友人のフリをして攻撃する「フレネミー」。フレンドとエネミー（敵）を合わせた造語だが、こういう人たちが今、あちこちで増殖《ぞうしょく》しているから恐ろしい。信頼していた友人から裏切られたら、傷は深い。

大学生のH子さんは、同じサークルの友だちに、彼氏との関係などの悩みについて相談していた。その友だちは親身になって話を聞いてくれたので、他の人には秘密にしていたような打ち明け話もいろいろとした。

ところがその後、「H子が彼氏とうまくいっていないらしい」という話がすぐにサークル中に広がってしまい、ついに彼氏の耳にも届く。「僕とのことを、あちこちで言いふらすなんて、ひどいね」と言われ、ふられてしまったという。

友だちが、H子さんと彼氏がうまくいっていないということを言いふらしたのは、羨望のなせるわざ。H子さんに彼氏がいるということが我慢ならなかったのだろう。そして、もし、H子さんが彼氏にふられてしまった後で、この彼の次の彼女になれたらラッキーだ。そういう利得もからんでいるかもしれない。

つまり、羨望＋利得である。

こういう「フレネミー」とはつきあわないことだが、同じ攻撃はもうさせないという意味で最後通牒《さいごつうちょう》をしておくのがいいだろう。

こういうふうに。

「ああいうことはやめてほしい。もうあなたを二度と信用しません」

世の中には、もう終わらせてしまってもいい関係もある。「終わらせてもいいんだ」と気づくと、一気に気持ちが楽になる、しがらみから解放されて自由にもなれるだろう。

「私との関係を終わらせると、あなたのためにならないよ」などと言って脅してくるかもしれないが、そんな言葉を真に受けてはダメ。信頼関係があってこその友人ではないか。そうでない場合は終わらせたほうがいいし、終わらせないといけない関係だ。

この手がある！

「ああいうことはやめてほしい。もうあなたを二度と信用しません」

6章

家族・パートナーへ

〝近くて遠い相手〟と、もっとわかりあうために

〝大切に思っていること〟を伝えあうには

最も近くて実は最も遠い存在、それが家族である。

親・兄弟・夫婦――同じ屋根の下に暮らして毎日顔を合わせていても、心がすれ違うと、お互いが何を考え、どう感じているのかすらわからなくなってしまう。

また、「家族なんだから」「親だから」「夫婦だから」という甘えから、家の外では決してしないような振る舞いをしがちである。

私の外来には特に、夫との関係に悩んでいる女性が多く訪れる。

観察していると、大きくふたつのパターンに分けられるようだ。

まず、夫の言動に不満や怒り、恐怖などを抱いていながら、無抵抗でひたすら耐えている場合。何も言わずにいるために、そのうっぷんが心に蓄積していき、自分自身を追い込んでしまっている。

そしてもうひとつが、「夫に対して自分の気持ちを言ってはいるけれど、そこからまるで戦闘状態に」という場合。こういう方から話を聞いていると、そうなるのはどうも夫に対する言葉の選び方が原因のように感じる。「あなたが悪い」と夫を糾弾するせいで、相手もますます攻撃的になってしまっているのだ。最終目的は、お互いの考えを理解し、よい関係を築くことのはず。

重要なのは、どんなトラブルが起こったとしても、許しがたい攻撃を受けたとしても、やはり家族は、一生つきあっていく相手ということだ。

相手を尊重し、大切に思っていることを伝えながら、こちらの思いも理解してもらうためにはどうすればいいのか、本章で考えていきたい。

CASE 23

母のきつい言葉

↓「傷ついている」と正面から伝える

母親と娘の関係は、父親と息子よりも複雑になりがちだ。娘を何とかして自分の思いのままにしようとする母親。娘はそこからの自由を求めるが、かといって母親を捨てるわけにもいかない。人類が誕生したときから存在する問題のように思われる。

ある女子大生は、母親からきつい言葉を日々投げつけられ、そのたびに落ち込んできた。

「あなたは特別可愛いわけではないし、頭も普通。だから余計にがんばらなくちゃ」

「お友だちはいい点数取っているんでしょ？　それなのに、あなたはどうしてこんな点数しか取れないの？」

この母親は、「あなたのことを考えているからこそ言っているのよ」というのが口癖らしく、娘のほうも「お母さんがああ言うのだから」と、ずっと自分に言い聞かせてきたようだ。だが、「心の奥底では我慢できないんです」と言う。

母親と娘の関係というのは本当に難しい。

「母親という生き物」は、娘が何のトラブルもなく普通に生きていくことを期待しているものだ。つまり、「予定調和の人生」である。ところが娘は、そんな母親の予想の枠から出ようとする。トラブルを未然に防ごうとすると、母親はどうしても娘に対して支配的にならざるをえない。

「あなたのため」と母親は言うが、実は母親は娘を支配したい、自分の思い通りにしたいのだ。それはこういうメッセージでもある。

「私を捨てないでね」

それだけではない。場合によっては**「私より幸せになってはいけないよ」**というメッセージを送っていることさえあるのだ。

さて、この例の女子大生のように、母親からいつもきつい言葉を投げつけられ困っているなら、まず、自分が傷ついていることを言葉や態度で示すことから始めればいい。

なぜなら、母親のほうは、自分の言い方で娘が傷ついていることがわかっていないからである。気づいていないのだから、ちゃんと気づかせる必要がある。

なぜ気づかないかというと、子どもは〝自分の分身〟だと思っているからだ。

自分のお腹から出てきて、手塩にかけて育ててきたんだから、自分の言うことを聞いて当たり前、自分と感じ方が同じで当たり前だと思っている。

つまり、母親としては、私は当然娘とわかりあえていると思い込んでいるのである。

娘が傷ついていて、わかりあえなさに悩んでいるなどとは考えたこともないはずだ。

では、娘としては、どんなふうに言えばいいのか。ストレートに、

「そんなふうに言われるとつらい」

と言うのがいい。母親は、娘が自分の発言で傷ついていることに気づいていないから、これだけでも効果的だ。

「お母さん、私の出来が悪いっていうけど、それは遺伝じゃないの？」と言い返してもいいかもしれない。ちょっとひどいぐらい強く言わないと、母親にはなかなか理解

してもらえない。

どんな母親にも、かつては娘の時代があった。娘の時代には、母たちもそのお母さんから同じようなことを言われたり、されたりしたかもしれない。しかし、そのことは忘れて、今は母親の立場にどっぷり浸かって攻撃者になってしまっている。

精神分析家のフロイトの娘であるアンナ・フロイトが言っている「攻撃者に対する同一化」というメカニズムがこれである。

自分がやられてイヤだと思ったら、普通は同じことはしないはずなのだが、自分も繰り返すことで、そのときに感じた不安感や無力感を克服しようとする。

いじめられっ子がいじめっ子になっていくのと同じ構図だ。母親と娘の関係でそれが繰り返されている。こういう反復をシャットアウトするには勇気が必要だ。

「お母さんにこんなことを言われて、私はとてもつらいし、傷ついている。心が痛いんだよ」ということをきちんと伝えるべきだろう。

この手がある！

「私は、お母さんの言葉に傷ついてる」

CASE 24

親からの過干渉
→支配から逃れる一言

親が子どもに干渉する例は、古今東西、枚挙にいとまがない。いってみれば、すべての家庭で起こっていることであり、普遍的な問題だといえる。

つきあっている男性のことで悩んでいる、ある女性の話を聞いたことがある。

その女性の母親は、無断で娘の彼氏に連絡をとって、「ウチの娘は料理が下手で、掃除も好きじゃない」「大切にしてくれる人と結婚したいと言っている」「大事にしてあげてください」などと言ったうえで、「私が電話したことは娘には黙っておいてください」とお願いしたのだという。

このことを彼氏から聞いた娘が母親に抗議すると、

「あなたのことが心配だった」

「あなたのことを世界で一番考えているのは私だ」

と反論したのだそうだ。

この母親は、表面上は「娘思いの母親」を演じている。だが、実は、とにかく娘に捨てられたくないと思っている。その一心からこんな行動に出たのだろう。「私を捨てないで」というメッセージを送っているのが見え見えだ。

「あなたのことを世界で一番考えているのは私」とまで主張しているように、大事な娘に捨てられるのではないかという恐怖を抱いているからこそ、娘と恋人の関係を破壊しようとするのである。

「料理が下手」などと言ったのは、一方で娘の幸せを壊したいという思いも潜んでいるためだが、母親自身はそのことに気づいていない。

こういう支配から逃れたかったら、**「私はあなたの分身ではありません」**とはっきり言うべきである。とにかくそう言わなければ、母親は〝善意〟でやっていると、いつまでも誤解し続けるものなのだ。

こういうケースでは、女の子の場合と男の子の場合で違いがあるので、それについて少し話しておこう。

女の子の場合は、とにかく母親は娘を支配したい。それに対して男の子の場合は、近親相姦《きんしんそうかん》的なところがある。息子をほかの女に取られたくない。だからこそ、ほかの女性とつきあわないように、門限を早くしたりするのだ。

ある二十代の男性も母親の干渉に悩んでいる一人。何かを選択しようとするとき、必ず母親がいろいろ口を出してくるのだという。

就職活動を始めるとき、母親は「優良企業ベストテン」のような表を持ってきて、この中から選べ、と言ってきた。「自分で決める」と反論すると、「あなたのことを思って調べているのに」と、責められたという。

息子に対しても、母親が干渉するケースは非常に多い。自分と息子は一体だという「母子一体感」が強いのである。

繰り返しになるが、母親は自分の子どもを自分の分身だと思っている。自分と同じような考えを持っていて当然だと思い込んでいるし、子どもの人生を自分の思い通りに動かしたいと願っている。

こういう母親には、「私はあなたと同じ人間ではない」ということを伝えるべきだ。

「お母さんはそのように考えるかもしれない。でも僕は違うんだ」

こんなふうにはっきり伝えるべきだろう。

この手がある！

「私は、あなたの分身ではありません」

CASE 25

姑のいやみ

↓相手の〝負け惜しみ〟だとすると

嫁と姑の問題は、古くて新しい問題。いつの世も、女たちは一人の男をはさんで、この問題に悩んできた。嫁としては、姑に一方的に強いことは言いにくいが、どうしても言いたいときもある。

ある四十代の女性は、夫の実家におみやげを持っていって、姑にケチをつけられた経験がある。

「もっとおいしいおみやげがあるはずだわ」

「気がきかないねえ」

また、夫の実家で料理を作って、ダメ出しをくらったことも。

「うちの味と違う」

「こんなものを食べさせられたんじゃ、うちの息子がかわいそう」

こんなひどい姑になんとか一矢《いっし》報いたいと思っているが……。

そもそも、嫁と姑は男（姑からは息子、嫁からは夫）をはさんだ三角関係だということをお忘れなく。姑からすると、嫁に「大事な息子を取られた」ということになる。いや、「盗られた」という気分すらある。

「大事な息子を盗られた！　小さい頃は、大きくなったらママと結婚するって言っていたのに、あんな女に盗られて悔しい！」というふうに。

だから、たとえどんないいお嫁さんが来てもイチャモンをつけずにはいられない。「気がきかない」「料理がまずい」と言うが、それはイチャモンをつけているだけであって、どんな嫁が来ても文句をつけ、「嫁・不合格」の判定を下すのは初めから決まっている。

紹介した事例のように姑が嫁にケチをつけるのは、嫉妬だけでなく、姑の自己愛のためでもある。女性同士で、自分のほうが上だということを見せつけたいのである。

しかし、落ち着いて考えれば、嫁のほうが勝者だということがわかるはずだ。圧倒的に若いし、姑のほうが早く死ぬ確率が高い。「女」が「古い」と書いて「姑」。生物としては、嫁のほうが絶対的に勝っているのだ。

ある意味、姑は自身が負けていることを知っているとも言える。悲しいほど〝負け〟を理解しているからこそ、「料理は私のほうがうまい」とか「子育ての経験は私のほうが豊か」といった細かいところで、勝っている点を数えてアピールするしかない。

考えてみれば、気の毒なものだ。そう気づいたら、あえて言い返さなくても気がすむのではないだろうか。

ムシャクシャしたら、姑の顔をじっと見て、「私はあんなにシワシワじゃない」と心の中でつぶやいてみるのもいい。

それでも、どうしても言わずにはいられないというときのために、奥の手をお教えしておこう。姑に何かいやみを言われたら、

「そうですか。このおみやげは、○○さん（夫）と一緒に選んだのですが」

「○○さん（夫）は、この料理の味をとても気に入ってくれているんです。でも、お

義母さんのお口には合わなかったみたいですね」

というふうに、「私は夫を味方につけています」と言ってしまうのだ。

姑は、息子をめぐって嫁と〝女同士の戦い〟をしているつもりになっている。その〝戦い〟の場で、「あなたの息子は完全にこちら側についています」と言われてしまえば、もう手も足も出せなくなる。

事実がそうでなくてもいい、とにかく夫が味方だと言ってしまおう。

つまらないことで姑にケチをつけられたら、

「○○さん（夫）は、そんなこと気にしていません」

姑と何か意見が対立したり、強く反対されたりしたら、

「○○さん（夫）と、二人で決めたんです」

これでいい。ただし、こう言い返すときは、あまり自慢たらしく聞こえないように注意すること。〝女の嫉妬〟ほど、恐ろしいものはないのだから。

後々の関係に響かないように、気をつけて。

この手がある！

「○○さん（夫）と二人で、決めたんです」

CASE 26

義母と夫の間で

↓「男は全員マザコン」と知り、対応すべし

結婚した女性にとって、干渉してくる夫の実家は面倒なもの。放っておいてくれたらいいと思っているのに、姑はヒマなのか、何かと連絡を取ってくるので困る。

J子さんの姑は、連休のたびに実家に戻るように電話してくるのだという。貴重な休みはゆっくりしたいし、夫と二人だけで遠出もしたい。

しかし、姑は息子夫婦が実家に来るのが当然だと思っていて、夫もそれについては何とも思っていないよう。

姑は子離れができていないし、夫はマザコンで腹が立つとJ子さんはこぼしていた。

ここでJ子さんは大きなカン違いをしている。マザコンは異常だと考えているが、

実は男性は全員マザコンなのである。

少し難しくなるが、フロイトは『精神分析入門』の中で、

「息子にとっては、自分のリビドー的願望を母親から離し、誰か現実の肉親以外の愛の対象へと差し向けることが課題となります」

と書いている。つまり、**男性は全員マザコンであり、その愛情を母親から離して、ほかの女性へ向けることが男性にとっての課題である**と言っているのだ。

しかし、男性がマザコンから脱するのがどれほど難しいか、フロイト自身よくわかっていた。なぜなら、フロイトこそマザコンの元祖のような人だったからだ。

フロイトの母親は後妻で、かなり若いときにフロイトを産んだから、彼は生まれてから死ぬまでほとんど母親と暮らした。二、三年パリに留学していた時期に母親と離れて暮らした以外は、ずっと母親と生活をともにしていた。超マザコンなのである。

男性は全員マザコンだと書くと、女性はイヤな顔をするかもしれないが、救われる男性はたくさんいるのではないか。

妻とケンカして、「だから、あなたはマザコンなのよ。私がお義母さんにこんなに

いじめられているのに、なんで私に優しくしてくれないの？　お義母さんの肩ばかり持つの？」と責められたとき、「男性はみんなマザコンだ。自分だけではない」と反論できる。「ほら、この本に書いてある」と、本書を見せてあげてもいい。

さて、夫の実家に頻繁に帰省させられるという話だが、この姑の場合、おそらく、息子に会えれば気がすむのではないだろうか。

だったら、夫とは別行動にすればいい。夫だけ帰省させて、自分は自由にする。

これですべて解決！

ここで、世のお嫁さんたちにひとつアドバイス。

姑の件で、夫に何か相談したいときは、「お義母さんは」「あなたは」というふうに、主語を姑や夫にして話してはいけない。先ほど紹介した事例なら、

「どうしてお義母さんは、毎回、休みのたびに私たちを呼びつけるのかしら？」

「お義母さんは、私たちを休ませてくれないのかしら」

などという言い方はＮＧ。「母を悪く言うな」と怒りを買うかもしれない。マザコ

ン男性の地雷に向かって突撃するようなものだ。かといって、
「あなたはどうしたいの？　私よりも、お義母さんと過ごすほうが大事なの？」
といった言い方も絶対にしてはいけない。男に対して、嫁か母かを選べというのは、そもそもが不可能なのである。まして「あなたは」と迫ると、夫は自分が責められているように感じてしまう。だから、

「私は、たまの休みは、家でゆっくりしたいな」

「私は、あなたと二人きりで過ごす時間を持ちたいの」

と、あくまでも「私」を主語にして話すといい。

姑に対して抱いているネガティブな思いは、決して夫に悟らせないようにする。姑のことも夫のことも否定せずに、「私」の素直な気持ちを伝えるのだ。

こんなふうに言えば、彼はあなたを愛して妻に選んだ男性。何らかの歩み寄りを見せてくれるはずである。

この手がある！

「私は、あなた（夫）との時間を大事にしたい」

CASE 27

プライバシーの侵害

↓〝踏み込ませない一線〟を、こちらから引く

個人情報がいっぱい詰まっている携帯電話は、なくしたら大変なことになる。もちろん、誰かにこっそり見られるのだってイヤに決まっている。

知人の男性から、妻に自分の携帯をチェックされている、と打ち明けられた。

「この前、風呂に入るフリをして、そーっと居間をのぞいたら、案の定、妻が私の携帯をいじっていました。『やめろ』と言ったら、『何よ、見られたら困ることでもあるの？』と逆ギレして、泣き出したんですよ」

いくら夫婦間でも、プライバシーは尊重しなければならないことは、この奥さんもわかっているはず。なのに、どうして夫の携帯をのぞいてしまうのか。

これは、「見捨てられ不安」ゆえだろう。夫が浮気をして、その女のもとに走った

ら、自分は夫に見捨てられるのではないか、という強い不安を抱いているのである。

もしかしたら、この奥さんはかつてつきあっていた男性に、そんなことを実際にされたことがあり、トラウマに悩まされているのかもしれない。過去に受けたのと同じ傷を負うのを避けようと、こういうことをしてしまうのだ。しかも、不安が強い人ほど支配欲が強い。だからこそ夫を自分の支配下に置こうとするのである。

こうした妻に、どう接すればいいか。長期的には、マメに愛情表現をして、「見捨てられ不安」を払拭させ、安心させてやることが必要だ。同時に、

「家族といっても別の人間なんだから、ちゃんと敬意を払ってほしい」

「自分が同じことをされたらイヤでしょう」

と、きちんと伝えなければならない。お互いのプライバシーにズカズカと入ることは許されないはずだから。

この手がある！

「ちゃんと敬意を払ってほしい」

CASE 28

パートナーからの暴言

→“欲求不満”をどう吐き出させるか

夫や恋人、つまりパートナーから言葉の暴力を受けているという女性は少なくない。K子さんも、夫に暴言を吐かれて生きるのがしんどいという女性。夫はちょっとしたことで大声を上げ、物を投げつける。だが、暴力は振るわず、「手を出したことはない」と主張する。

「お前と結婚して一度もいいことがなかった」などと怒鳴り散らし、K子さんは生きている心地がしないときもあるが、子どもの顔を見て我慢しているという。

この夫は「置き換え」タイプと考えられる。外での欲求不満を、家の中で妻にぶつけて発散している可能性が高い。しかも、結婚生活がうまくいかない責任は、妻にあると責めることによって、責任転嫁しているのである。

もしかしたら、利得もからんでいるかもしれない。

夫はすでに浮気をしていて、それがバレないように隠している可能性もある。暴言を吐き続けることで、妻のほうから嫌気がさして離婚を切り出してくれれば、ほとんど慰謝料なしで別れられ、新しい女性と結婚できるなどと期待しているのではないか。

この夫は「俺は手は出したことはない」と言っている。ＤＶ（家庭内暴力）をしていたら、離婚のとき不利になるということが、頭にあるのかもしれない。

この手がある！
「私を選んだのはあなたよ」

ここまでくると、上司や仲人さんに相談したり、場合によっては、離婚の協議を始めたりするレベルかもしれないが、その前にお互いに責任があることを思い出させることが必要だろう。

「結婚相手として、私を選んだのはあなたよ。あなたを選んだのも私よ。だからお互いに選び合った以上は気持ちよく暮らしたい」と伝えておくことが大切である。

CASE 29

パートナーに見下される
↓
「やりきれない思い」をしなくていい

夫に暴言を吐かれる、見下される、つらく当たられる……そんな状況に置かれている女性は少なくない。

私が知っている専業主婦のL美さんも、夫にいつもこんなことを言われて、ムカッときている一人だ。

「専業主婦は楽でいいね」

「俺が働いている間、家で寝ていられていいな」

「子どもと遊んでいられてうらやましいよ」

さらに、子どもまで影響されたのか、「お母さんは学校にも会社にも行かなくていいんだね」などと言い出す始末。L美さんはやりきれない思いだという。

結婚生活を始めたのは昨日今日ではないし、専業主婦になったのも、夫が同意したからこそのはずである。それなのになぜ今さら、夫は妻にこんなことを言うのだろうか。

おそらく、この夫は、「置き換え」タイプなのだろう。

会社で上司に叱られたり、あるいは立場が危うかったりして、うっぷんがたまっている。本来であれば上司に言い返したいが、それができないから、妻に向かって発散するのである。

加えて、自己愛もあるかもしれない。妻をバカにすることによって、自分が価値のある人間であることを確認したいのだ。

この夫は、家の外では、常に誰かの下の位置にいることを強いられている。思い通りにならないことが多くて、心がささくれだっている。本当は誰かにそのつらさを打ち明けたい、よりかかりたい。でも、そんな甘えは、男としての誇りが許さない……。

だから、家に帰ってきて、妻に対して「お前を養ってやっているのは俺だぞ」と偉そうに言うわけだ。さらに、養っているんだから、俺はお前より上だ、俺に従うべきだ、と主張するのである。

男として生きるつらさが理解できないわけではないが、それを全部くみ取れというのは明らかに求めすぎである。何の非もない妻に、皮肉や暴言を吐いていい理由にはならない。

さて、こんな夫にはどうすればいいだろうか。

たとえばこんなセリフはいかがだろう。

「それじゃあ家の中のこと、あなたが全部やってくれる？　結構大変よ。掃除、洗濯、料理。一度やってみれば？」

会社員だって、「毎日会社に行くだけでお金がもらえてラクだ」という見方もできる。隣の芝は誰にとっても青く見えるものだ。

だが、言えばこちらはスカッとするかもしれないが、相手にとっては火に油で、「何を偉そうに」「お前こそ、俺の何がわかるんだ」と反撃してくる可能性が濃厚だ。

攻撃に対して攻撃で返すと、ブーメランのように返ってくることをお忘れなく。

夫が暴言を吐く、けなしてくる、不機嫌な態度で当たり散らすようなときは、

「あなたを嫌いになりたくないから、それ以上は言わないでほしい」
「あなたにそんなひどいことを言われる、私の身になって考えてくれない？」

こんなふうに言うのがいいだろう。

相手の言葉によって、自分が傷ついているのだと、きちんと伝えることが必要だ。そのうえで、それでもなお「私はあなたを嫌いになりたくない」、だからいい関係にもっていきたいと言うのだ。

こうすれば、ささくれだっている夫の心も、少し落ち着くのではないか。

そこで、「俺も言い過ぎたよ」という一言さえ引き出せれば、広い心で許してやれるだろう。夫は妻への「甘え方」を間違えていただけかもしれないのだから。

「あなたを嫌いになりたくない」——これは、あらゆる不毛な言い争いやトラブルに終止符を打つ、〝ほとけの一言〟だ。

今こうしてたまたま、思いがけず私たちはケンカの舞台に立っているけれども、そもそも自分は相手を大切に思っていて、いい関係でいたいと思っている。

傷つけ合うことが目的ではない、互いに気持ちよく過ごしたい——そんな本心をちゃんと伝えるようにするのである。

大切な人との関係がうまくいっていないというとき、切り札の一言にしていただきたい。

この手がある！

「あなたを嫌いになりたくないから、それ以上はやめてほしい」

7章

もう「あんな人」に絶対左右されない

――「強い自分」をつくるために大切なこと

「ターゲットにされやすい人・されにくい人」はどこが違うか

ここまで、私たちの日常生活で想定しうるさまざまな攻撃と、その反撃のケースについて述べてきた。

だが、そもそも攻撃のターゲットにされやすい人とされにくい人は、どんなふうに違うのだろうか。

ターゲットにされやすいのは、基本的にいわゆる「いい人」だ。

つまり、あまり他人の要求を断れない人、ほかの人から気に入られたい、認められたい、好かれたいという思いを抱いている人だ。

精神分析的にいえば、できるだけ「他者の欲望」を満足させてあげたいと思う人。

それを「自分の欲望を満たす」ことよりも優先する傾向が強い人である。

こういう人は、かつては親にとっては「いい子」だった人だ。「愛される子でいたい」と思うあまり、何でも親の欲望を満たそうとして、がんばってきた人。親の言うことにそのまま従ってきた、受け身なところのある人。

それが大人になった今でも続いている。そういう人が要注意だ。

■「おとなしくて反撃しない人」と思われないように

逆に、ターゲットにされにくい人は、簡単に言うと、

「この人にこういう攻撃をしたら、自分はやり返されるぞ」

と思わせる人だ。

いじめとは基本的に弱い者いじめだ。学校であっても、職場であっても絶対的なパワーバランスがあって、強い者が弱い者をいじめる構造になっている。ある程度の権力、パワーを持っている人が、そうではない人間をいじめる。それはどんな環境でも起こりうる。

つまり、いじめられやすい人というのは、おとなしくて反撃しない人であることが

多い。

だから、もし攻撃されたら、「自分はやり返せるんだぞ」「仕返しもしますよ」と、ある程度のこけおどしをしておくほうがいい。

向こうに「こいつはちょっとは反撃してくるぞ」「無抵抗ではいないやつだぞ」と思わせておくことが大事なのだ。

相手を完全にやり込めようとまで思わなくても、何かしら「言い返す」ということが、ターゲットにされないために有効なのである。

加えて、攻撃されがちな人は、物事をシリアスに考えすぎるところがある。

「あの上司は私を嫌って、憎んでいるに違いない」

「彼女があんなふうに言うのは、私が役立たずだからなんだ」

という具合に、相手の攻撃をまともに受けてしまう真面目な人なのだ。

相手が言っている以上のことを、勝手に感じてしまっている。要するに考えすぎなのである。

こういう傾向のある人は、

「相手はああ言っているけれども、あんなのまともに受け取る必要はないんだ」

というくらいの気持ちでいたほうがいいだろう。

“他者の欲望”を満たそうとしない

「自分の価値観＝自分のモノサシ」が絶対に正しいと思い込んでいて、それを押しつけようとする人は、しばしば他人を攻撃する。

そういう人に対しては、**「他人のモノサシは他人のモノサシ、私のモノサシとは違う」**と、きちんと分けて考えておくことが必要だ。

これは、２章で「相手の感情と自分の感情に境界線を引く」と述べたこととともつながる。

攻撃的な人に限って、自分のモノサシや感情を押しつけようとする。自分が絶対に正しいと思い込んでいるからだ。それをはね返すためにも、私の考えや感情とは違うとはっきりさせなければならない。

「正しいこと」はひとつだけではない。極端なことを言えば、「人を殺してはいけない」というのは、絶対的な正義と思われるかもしれないが、自分が殺されそうになって、正当防衛で相手を刺すこともあるかもしれない。

「絶対に正しい」なんてことはありえないのだ。

■「まわりに合わせよう」としすぎていないか

攻撃のターゲットにされやすい人は、そもそも自分のモノサシを持っていない場合が多い。

つまり、先ほど取り上げた「いい人」なのだ。

常に、まわりに合わせて物事を決め、相手の顔色をうかがう。だから一見、優しくて思いやりがある人のようにも見える。しかし、これは裏を返せば、自分一人で何か決断したり選択したりすることができず、受動的な性質を持っているということだ。

こういう人は、自分の人生すら他人のモノサシで測ろうとする。結局、「他者の欲望」を満たすことでしか、自分の存在を実感できないということだ。他者から評価され、認められることでしか自分の価値を確認できない。

もうひとつは、自分で選択したり決断したりした結果に責任を取りたくないから、それを相手にゆだねようとする。「私がこう決めたから、その責任は自分で取ります」と言うことができない人なのである。

そういう人が大人になってから自分のモノサシを持つのは、非常に難しいことだ。

実は、私自身も、「他人のモノサシ」に従って生きてきたようなところがある。

私は幼い頃から物書き、作家や記者になりたいという夢を持っていた。しかし、親の「医者になってほしい」という「他者の欲望」に応えようと、医学部に進んだ。自分の欲望に正直に、文学部に進む道もあったろう。

しかし、今になって振り返ると、当時の私は自分の進路選択に責任を取りたくなかったのだと思う。親の言う通りに、親の欲望を満たす形で進めば、その先でたとえうまくいかないことがあっても、自分が悪いのではない。親の責任だと責められるわけだから。

今の若い人には、そういう気持ちの方が多いような気がする。親が「こうしなさい」と言う通りに生きている。それでずっと順調にいけばいいのだが、周囲から攻撃されたり逆境に置かれたりしたときに、立ち向かうことができない。

ここで声を大にして言いたいのは、「自分の人生の責任は誰も取ってくれないよ」ということだ。

「他者の欲望」を満たし続ければ、「いい子」「いい人」と思われ、好かれるかもしれない。でも、そのために自分が他人から支配されたり、何かを言われるたびに落ち込んだりしたら、傷つくのは自分自身だということをお忘れなく。

■相手の要求を呑まなくたって嫌われはしない

それでは、どうやって自分のモノサシを持てばいいのか。

他人のモノサシに従っていて、うまくいっている限りは、なかなか自分のモノサシの必要性に気づけない。

私自身、「医学部に行けてすごいね」とチヤホヤされたこともあって、なんだかモヤモヤしながらも卒業した。しかし医者になって何年かして、大きな挫折を経験した。そのときに、「他者の欲望」に従うだけでは、もうやっていけないとわかったのだ。

私のような生き方だと、挫折するまで自分のモノサシを持てないということになるが、もう少し簡単に自分のモノサシを持つ方法がある。

それは、**「他人の要求をがんばって断る」**ということだ。

〝ちょっと断る〟だけでもいい。

相手の要求を全部呑まなくていい。丸呑みする必要はない。ゼロか百かではなくて、その中間でいいのだ。

基本は、

「できないことは、断る」

「やりたくないことは、なるべくやらない」

これを勇気を出して実行するだけでも、「本当は私はこう思っているんだな」というところを自覚できる。「他者の欲望」を満たすことを最優先するのをやめる、ということだ。

たとえば、理不尽な上司に「明日の朝イチまでにこれを終わらせて」と大量の仕事を押しつけられたとする。そういう場合、「朝イチまでは無理ですが、午後までお時間をいただければ、できます」と言ってみてはどうだろうか。

友人に「みんなで一緒に登山に行かない？」と誘われた場合、そういうのが苦手なら、「私はケーブルカーで行って、山頂で待ってるわ」と言えばいい。

そもそも、やりたくないことはそんなにがんばれないはずだし、無理をしてもうまくいかないだろう。

まずは、黙ってほほ笑んでいるのではなく、「気が進まないわ」「イヤ」と口に出してみよう。

〝つけこまれるスキ〟は、こんなところに

攻撃のターゲットにされやすい人は、自己評価が低い場合が多い。

「どうせいつもうまくいかない」「どうせ私は怒られるに決まっている」というふうに、自分にネガティブなラベルやレッテルを貼ってしまっている。それを貼ることで、逆に居心地がよくなっているような場合さえある。

「私なんて」「どうせ」「いつもそうだもの」……。もしも、そんなネガティブな言葉が口癖になっていたら要注意だ。

実は、このように自己評価が低い人は、かつて親との関係がよくなかったとか、学校や職場でいじめられたという、つらい過去を持っていることが多い。

こういう人には、私はいつも次のように話すことにしている。

「あなたがつらい思いをしたことはわかる。でも、過去も他人も変えられないでしょう。親、あなたをいじめた学校の友だち、職場の上司を恨む気持ちはわかるよ。でも、過去は変えられないのだから、昔のことを思い出してクヨクヨして落ち込むのは、時間とエネルギーがもったいないんじゃない？

あなたは卑下《ひげ》するような人ではなくて、ちゃんと魅力的だし、価値があると思う。

『幸福こそ最大の復讐』という言葉もあるよ」

と。

いつまでも過去にこだわり続けていたら、幸せにはなれない。

「あなたが今よりも幸せになって、できれば成功して見返してやることが、一番の復讐なんだと思ったほうがいいよ」

たとえ過去に自分を大事にしてくれず、ひどい扱いをした人がいたとしても、これから出会う人がみんなそうだとは限らないのだということを、忘れないでいただきたい。

■ 自己評価を低くしていないか

こうしたつらい過去の経験のあるなしにかかわらず、自己評価が低いのは「理想の自分」のイメージがすごく高いからである。

たとえば、自分はモデルのようにキレイでスタイルがよくて、仕事もできて異性にも愛されるという理想の自分を思い描いているが、実際にはそんな人はなかなかいない。

みんなに好かれて友だちもたくさんいて……などと幻想を抱くからこそ、現実の自分は友だちがそんなに多くないので、そのギャップに悩み、落ち込む。

そんなスーパーマン・スーパーウーマンは、人気者であるがゆえにねたまれるかもしれない。仕事ができるのは、裏で人の何倍も努力しているからかもしれない。そこには思い至らず、理想像だけが勝手にどんどんふくらんでいくわけだ。

最近、こういう傾向が特に若い人に認められる。

今はメディアやネットの発達で、いろいろなものを簡単に見聞きできる。たとえば、こんな高い服や、こんないい家がありますよという情報は、見たくなくても目や耳に入ってくる。同世代でも、あのスポーツ選手はあんなにお金をもらっているというふうに……。だから、ついつい理想を上のほうに置きすぎてしまうのだろう。

比較しても仕方がないのに、「どうして自分はこうなんだ」と思ってしまう。

そんなふうに〝足りないもの〟を探すのではなく、自分が今持っているものをもっと評価すれば、もっと幸せになれるはずですよ。

自分の〝弱さ〟を隠さない人が、一番強い

私の外来を訪れる患者さんの話を聞くと、悩みやつらさを打ち明けられる相手が周囲にいないという場合が多い。

会社や学校で攻撃されて悩んでいるような苦しい時期に、信頼できる話し相手を持っておくことが必要だ。

もっとも、打ち明けるといっても、プライドの高い人にとってはそれが難しい。自分の〝弱み〟を見せられないからだ。

「自分は強いんだ、自分はこんなにすごいんだ」

と思い込むことで毎日を乗り切っているような人は、自分の弱さをなかなかさらけ出せない。だから打ち明けることができず、そういう人ほど、何かあったときにポキ

ンと折れやすい。

「自分の弱さ」を認めるのは大変だが、すごく大事なことだ。

■「ちょっとしんどい」と漏らしてみるだけでいい

「自分の弱みを隠さない人ほど、本当の意味で強い」ということは、精神科医として日々実感している。

たとえば、家に引きこもりの子どもがいて、それを家族が隠そうとしている場合ほど、その子を引きこもりから抜け出させるのが難しくなる。

引きこもりは、医者や教師といったエリート家庭に多い。「絶対医者にさせる」と塾に通わせて、中高一貫校に行かせた子どもが、途中で不登校になってしまったとしよう。するとエリート家庭ほど、家の恥だと思うのか、引きこもっていることを親戚にも近所にも隠す。こうなると、絶対に解決しない。

隠すのではなくて、逆に開放する。そういう心の持ち方でいるほうが実は強いのだ。

といっても、それができるためには場数を踏まなければならない。悩みやつらさを、周囲に**「ちょっと言ってみる」**ことを何回か繰り返していると、だんだん言えるようになる。

この「ちょっと」というのがポイントだ。全部言わなくていいわけだ。

「最近疲れがたまっているんだ」

「ちょっとしんどくて」

と、身近な人にポロッと漏らしてみるだけでもいい。

何回か言っているうちに、ごく普通にできるようになる。練習の積み重ねが必要だ。


ただし、「ちょっと言ってみる」場合、相手は選ばないといけない。

それを言いふらす人がいるからだ。

「あの人、こんなこと言っていたよ」

「彼氏のことで悩んでいたよ」

と言いふらす人。女性に多いが、「他人の不幸は蜜の味」というような人がいる。

ちょっと言ってみて、それを相手がどう受け取るかを見極める必要がある。

言いふらす人がいたら、「そういう人なんだな」と思えばいい。そんなことを言いふらして喜ぶ人は不幸に決まっているのだから、「あ、不幸なんだな」と思えばいいだけの話である。

〝わかりあえなさ〟を受け入れる

ここまで、反撃する際の決めゼリフや、心の持ち方について書いてきた。

忘れてはならないのは、うまく攻撃を退けることができたとしても、相手の考え方や性格そのものを変えることはできないということだ。その人との間に横たわる「わかりあえなさ」は埋まらないかもしれない。

最終的には、こうした「わかりあえなさ」を受け入れることがどうしても必要になる。

考え方の違い、価値観の違い、生活習慣の違い……別々の人間同士なのだから、そうした〝ズレ〟が生じるのは当たり前のことなのである。

この「わかりあえなさ」は、私自身、精神科医として日々経験する。患者さんの悩みや悲しみを頭では理解できても、必ずしも共感できるわけではないからである。

そんな「わかりあえなさ」は、普通の人間関係でも起こる。こちらがよかれと思ってやったことが、向こうにとってはありがた迷惑だったという経験は誰にでもあるだろう。

にもかかわらず、「わかりあえない部分なんてない」という幻想を抱いていると、「こんなに話しているのに、どうして理解してくれないのか」「向こうが納得するまでやってみよう」などと、余計に苦しむことになりやすい。

「わかりあえなくて当然だ」と考えるぐらいでちょうどいいのである。

そういう考え方からすれば当然だが、すべての人とわかりあえなくてもいい。当たり前の話だが、「話せばわかりあえるはず」と思い込んできた方には、発想の転換が必要だろう。

世の中には、自分を支持してくれる人もいれば、敵もいる。半分半分くらいだと思っておくくらいでちょうどいい。

同じものを見ていても、どういうふうに感じるかは、それぞれ違う。そう割り切って考えることが大事だ。

■この世の中には「理想的な人」なんていないのだから

この世の中には理想的な親もいないし、理想的な友だち、理想的な上司もいない。それが現実だ。理想的なイメージを自分で勝手にふくらませて、それと比べても意味がない。

頭の中では、「こうだったらいいな」という願望がいくらでもふくらんでいくが、それはもう幻想だ。ものすごくお金持ちで優しい親のもとに生まれたかった、と思っても、現実にはそうではないのだから、目の前の現実を受け入れるしかない。

女性の部下から、「理想的な上司はこうあるべき」という視線を無言のうちにびしびし感じるという男性がいた。「お前はそんなことでいいのか」というすべてを見透かすような視線が飛んでくるのだという。

これは、男性自身が、自分の心の中で「理想的な上司」というイメージを勝手につくり上げていて、それと自分を比べているからだろう。

こういう状態を精神医学では「幻想的願望充足」と呼ぶ。自分の願望を投影したような理想像だけがどんどんふくらんでいくわけで、それと現実を比較するから、余計にうらみ、つらみが多くなるのだ。

理想通りではない自分、理想通りにはわかりあえない相手を、一度受け入れよう。

そのうえで、どんなふうにすればお互いに気持ちよく過ごせるのか、考えていきましょう。

おわりに
図太く、したたかに生きる

現代は何ごともスピードの時代だが、何かが問題になったときに、何から何まで「今すぐ解決しよう」と思うのはせっかちすぎるのではないだろうか。

くさい匂いも、時間を置いているうちに、自然に消えていくこともある。

今すぐ解決しようなんて思わなくていい。今すぐ急いで対処しなくてもいいのではないか。

「時間にゆだねる」というのも、有効な解決法のひとつだ。

何より大切なのは、**「幸福こそ最大の復讐」**だと思って生きること。

自分を攻撃する人に対して反撃したいのであれば、最高の反撃は、自分自身が幸福になることだ。

成功して幸せになることで、相手を見返す。それが一番いい反撃になる。

そう考えれば、「今すぐ見返さなくてもいい」と、先送りする余裕もできるだろう。

今の世の中は、その場で一刻も早く白黒をつけたがる。しかし、人間関係はそんなに白黒がはっきりつけられるものではない。

たとえ言い返せなかったとしても、言い返したのに思うような結果にならなかったとしても、後で自分が幸福になればいい。「後で勝つ」と。

それで自分の感情の沸騰《ふっとう》を鎮められれば、つまらない波風が立たない。「勝ったか負けたかわからないけど、とりあえず今はもういいや」というのもひとつの解決策だ。長い目で考えて、最終的に自分が幸せになればいいと自分に言い聞かせよう。図太く、したたかになろう。

言い負かすことが目的ではない。言い負かしても実は何にもならないわけだ。

一対一だけの関係で「勝った」「負けた」とその場限りのことを言っても、本当は小さな話。人生はもっと長い。

自分が幸せになるのが、一番大切なのだということをお忘れなく。

片田　珠美

【引用文献】

『家出のすすめ』寺山修司著、角川文庫
『マキアヴェッリ語録』塩野七生著、新潮文庫
『ラ・ロシュフコー箴言集』二宮フサ訳、岩波文庫
『精神分析入門』フロイト著、高橋義孝訳、新潮文庫
『自我と防衛』アンナ・フロイト著、外林大作訳、誠信書房

賢《かしこ》く「言《い》い返《かえ》す」技術《ぎじゅつ》

著　者――片田珠美（かただ・たまみ）

発行者――押鐘太陽

発行所――株式会社三笠書房

〒102-0072 東京都千代田区飯田橋3-3-1
電話：(03)5226-5734（営業部）
　　：(03)5226-5731（編集部）
http://www.mikasashobo.co.jp

印　刷――誠宏印刷

製　本――若林製本工場

編集責任者　長澤義文
ISBN978-4-8379-2581-1 C0030

心配事の9割は起こらない

減らす、手放す、忘れる「禅の教え」

枡野俊明

心配事の〝先取り〟をせず、「いま」「ここ」だけに集中する

余計な悩みを抱えないように、他人の価値観に振り回されないように、無駄なものをそぎ落として、限りなくシンプルに生きる――それが、私がこの本で言いたいことです（著者）。禅僧にして、大学教授、庭園デザイナーとしても活躍する著者がやさしく語りかける「人生のコツ」。

なぜ、あの人はいつも好かれるのか

本田　健

著作累計600万部突破記念、特別企画。なぜか応援される人の話し方、考え方、気配りとは――？

●相手を思いやる「想像力」をつける
●人間関係を「面倒くさく」しないために
●「ねぎらいの言葉」は出し惜しみしない
●「余裕のないとき」ほど人格がテストされている
●ハートに「裏表がない」人は共感される
……etc.

「気の使い方」がうまい人

相手の心理を読む「絶対ルール」

山﨑武也

なぜか好かれる人、なぜか嫌われる人――その「違い」に気づいていますか？

「ちょっとしたこと」で驚くほど人間関係は変わる！　●必ず打ちとける「目線の魔術」　●相手に「さわやかな印象」を与えるこのしぐさ　●人を待たせるとき、相手の〝イライラ〟を和らげる法…など誰からも気がきくといわれる話し方、聞き方、接し方のコツを101紹介。

T30189